Remerciements

Avant de commencer ce livre j'ai envie de remercier… La Vie !

Merci à La Vie d'être ce qu'elle est.

Merci à La Vie d'avoir fait en sorte que mes parents ait eu un jour l'idée de faire un enfant, et que je puisse écrire ce livre un jour. Ça paraît élémentaire, mais sans eux rien n'aurait été possible.

Merci à La Vie d'avoir mis tous ces obstacles sur mon chemin, me permettant ainsi de me poser les bonnes questions et de ne pas croire qu'elle était un long fleuve tranquille.

Merci à tous les acteurs de ma Vie d'avoir joué à merveille le rôle qui leur avait été attribué un jour…

Merci à La Vie d'avoir mis mon épouse sur mon chemin.

Merci à celle-ci d'avoir été là pour m'aider à grandir et à devenir qui je suis aujourd'hui, et d'être là aujourd'hui pour profiter ensemble de tous nos enseignements.

Merci à La Vie de m'avoir donné d'aussi beaux enfants.

Merci à La Vie de leur permettre de jouer leur rôle à merveille pour me faire travailler jour après jour.

Merci à La Vie de mettre tous les jours sur mon chemin des expériences nouvelles qui me permettent de grandir encore et encore.

Merci à La Vie de me faire rencontrer des gens merveilleux à travers le monde.

Et enfin merci à La Vie pour tout ce qui reste à venir, dans cette Vie-là et dans les prochaines.

Préface interdite

A une demie-heure de route de l'aéroport de Tunis, l'autocar vient enfin de les déposer à l'entrée du village du club Méditerranée.

Sous son énorme casquette bleue, chemisette rouge et short blanc, le petit garçon tient précieusement contre lui ses immenses lunettes noires, avec les quelques papiers qu'on vient de leur remettre à l'arrivée.

Son père le filme, perdu sur le côté de l'allée de sable blanc, au milieu du flot des touristes, « GM » arrivants. L'homme ne réalise pas les précieux moments de vie qu'il s'apprête à perdre.

Quelques quarante et une années plus tard, le petit garçon nous ouvre son coeur, et nous raconte son parcours. Le parcours de l'enfant de parents divorcés, entre une maman trop jeune, et un papa trop vite absent. Le parcours qui l'a amené à l'homme qu'il est aujourd'hui, au prix d'une transition souvent semée d'embûches, de chutes, dont il a su, à chaque fois, se relever. Il nous donne aujourd'hui les clés qui lui ont ouvert ce chemin de transition, et nous délivre un extraordinaire message d'amour, et d'espoir.

Espoir en l'homme, espoir en l'Univers, et en la puissance de cet Amour plus puissant que tout.

Avec ses mots de tous les jours, avec toute sa sincérité, Axel nous livre l'histoire de son parcours, et nous permet de le rejoindre sur ce merveilleux chemin de la Vie.

Cette Vie où tout n'est qu'amour, où tout est OK...

Juste WoW...!

Merci, mon fils.

Jean Marie Crevaux

Table des matières

Introduction

Ce livre retrace l'histoire de ma vie, telle que je l'ai vécue jusqu'à son écriture. Certains faits sont peut-être faux ou pas tout-à-fait comme la réalité, et comme ça s'est réellement passé, mais c'est comme ça que je les ai vécus. Je parle, sans les nommer, de gens qui sont toujours en vie pour certains (la plupart), et qui vraisemblablement se reconnaîtront.

Si j'ai pu écrire ce livre aujourd'hui c'est parce que j'ai cheminé et que je n'ai plus aucune rancœur vis-à-vis de qui que ce soit.

A lire ce que j'ai vécu, vous pourriez penser à un règlement de compte ou à une vengeance, mais ce n'est pas le cas, sinon, à mon goût ça n'aurait pas de sens.

J'espère à travers l'écriture de ce livre transmettre mon expérience à d'autres, pour qu'elle serve au plus grand nombre.

Aujourd'hui, à l'âge de 46 ans, c'est un peu comme si j'avais vécu 3 vies : mon enfance, ma partie de vie comprenant mon premier mariage et ma carrière professionnelle, et mon second mariage avec la fin de ma carrière et l'envol vers la découverte de ce qu'est ma vie aujourd'hui.

J'ai été élevé, éduqué dans l'avoir, le paraître, je dirais même l'artificiel et le superflu. Ça a été ma réalité, et ma seule vérité pendant longtemps parce que je ne connaissais rien d'autre.
Mais au fur et à mesure des enseignements et des expériences, j'ai pris peu à peu conscience qu'il y avait « autre chose », que tout ça n'était pas la vraie Vie, que ce n'était qu'illusion.

J'aurai mis du temps, mais je suis passé de l'Avoir à l'Etre.

Alors que pendant longtemps les autres étaient pour moi juste un concept, aujourd'hui je me réjouis de partager plein de belles choses avec les uns et les autres.

Je ferai référence, à quelques reprises dans ce livre, à François Lemay, auteur, conférencier. J'ai eu la chance de le voir lors d'un événement Live organisé au Québec en Février 2017 par Sylvain Carufel, qui a largement marqué mon existence aussi. Il m'a fait prendre conscience que tout était juste quand on décidait de faire les choses dans l'objectif d'aider les autres. Il m'a aussi fait réaliser que nous avions tout en nous, qu'il suffisait de se lancer.

Parfois la vie nous fait croiser des gens qui jouent des rôles essentiels dans ce que nous deviendrons.
Mais attention, il ne faut jamais perdre de vue que nous restons acteurs et maîtres de notre avenir.

L'action prime !

Chers acteurs de ma vie, soyez assurés, que je vous aime, je vous remercie de faire ou d'avoir fait partie de ma vie, c'est grâce à vous que j'en suis là aujourd'hui.

A tous les gens qui se reconnaîtront, soyez assurés de mon amour pour vous, et à tous les gens disparus, aussi.

A vous qui avez choisi de me lire, merci et bon voyage dans mon univers. Que mon expérience puisse vous être bénéfique, et vous permette d'avancer dans la vôtre.

Première partie

Itinéraire

Maman = amour, Papa = sécurité

Dans l'inconscient collectif, depuis le temps des hommes des cavernes, une maman est synonyme d'amour et un papa de sécurité. Ce qui veut dire, qu'une maman apporte soutien, amour et réconfort à ses enfants, et qu'un papa est là pour protéger, pour subvenir aux besoins des enfants.
C'est ce que chaque être humain sur cette terre devrait recevoir de ses parents.

Pour moi, ça a très mal commencé. Peut-être que je n'avais pas été là à la distribution, mais très rapidement cette loi ne s'est pas appliquée à moi.

Mais prenons depuis le début…

Tout a commencé un certain 26 Juillet de 1970…

Bon, en fait, pas vraiment, ça c'est juste le jour où j'ai posé mes valises sur cette terre, dans cette vie-là. Né d'un père et d'une mère peu fortunés, je mentirais de vous raconter le début de ma vie; je ne m'en souviens pas vraiment, et je ne suis pas certain qu'il soit très intéressant pour le reste de ce livre.

Passons donc à la suite, quelques années plus tard.

J'ai 4 ans quand mes parents décident que leur avenir n'est plus possible ensemble, ou plutôt que ma mère décide de quitter mon père. Mais au final, ça n'a pas vraiment d'importance; ce qui compte c'est que je me retrouve enfant d'un couple divorcé.

Peu de temps après ma naissance, ils avaient investis dans une vieille bâtisse énorme dans les Ardennes. Mon père avait un projet pharaonique pour retaper ces vieux murs en pierre lui-même. Pendant les travaux, ils habitaient un petit appartement dans la maison. Il me reste en tête quelques souvenirs d'engueulades, mais rien de flagrant.

Un jour, ma mère décide de partir vivre avec un autre homme, âgé de quelques années de plus qu'elle. Lui-même séparé, empêtré dans un divorce compliqué qui durera plus longtemps que de raison.

Je suis, à partir de là, balloté entre mes parents, au rythme des week-end tous les quinze jours, comme le connaissent beaucoup d'enfants de parents divorcés.

Puis ma grand-mère maternelle est hospitalisée à Paris, à quelques 250 kilomètres de chez nous, ce qui oblige ma mère à lui rendre visite tous les deux jours, et à rencontrer les premiers problèmes avec moi : qu'allait-elle bien pouvoir faire du petit ?

Quelques années plus tard, je vous avoue que je doute de cette version. Ou du moins, je ne la trouve pas forcément complète. J'ai clairement le sentiment, que ma maman, qui a loupé son premier couple, se retrouve bien embêtée avec un rejeton de 4 ans sur les bras.
En fait, quand j'observe sa vie, je réalise qu'elle a connu mon père très jeune, et que ses relations avec son propre père ont toujours été très compliquées, mon grand-père ayant pris l'habitude depuis, d'après ce que je peux savoir, pas mal d'années, de boire son salaire...

L'homme qu'elle a rencontré par la suite, est plus âgé qu'elle d'une quinzaine d'années, et a toujours connu un certain succès auprès des femmes, étant assez séduisant de nature. Ces deux points ont leur importance : recherche d'un père, mais également sécurité incertaine...

Je pense donc que, si la maladie de ma grand-mère a amené cette problématique, sa nouvelle relation ne l'a pas forcément inspirée à s'afficher en tant que mère avec un enfant, avec toutes les complications que cela implique. Se comporter comme une jeune femme seule, sans enfant était bien plus commode. D'ailleurs, à ce moment-là, ma maman n'a que 25 ans, donc pas simple. Sans rentrer dans une certaine forme de psychanalyse, il n'y a pas non plus loin à penser que mon beau-père ait joué un peu le rôle de père vis-à-vis d'elle, certainement malgré lui... Et malgré elle !

Donc, ma grand-mère lui conseille de m'envoyer chez un oncle et une tante en Hollande. Inconnus au bataillon pour moi à l'époque, je fais connaissance avec un couple d'une cinquantaine d'années, qui avaient reporté sur leurs chiens l'amour qu'ils n'avaient pas pu donner à leur enfant, faute d'avoir réussi à en avoir.
Mon arrivée fut certainement pour eux comme l'arrivée de l'enfant qu'ils n'ont pas eu, et je reçois pour la première fois de ma vie, beaucoup d'amour vrai, d'amour inconditionnel et sincère.

Sauf que ce n'est pas normal ! Bien entendu, je n'ai pas conscience de cette « anormalité » à l'époque, je l'ai appris bien plus tard, il y a à peine un an au moment où j'écris ce livre. Ce qui n'est pas normal c'est que je trouve l'amour et la sécurité chez deux personnes qui ne sont que des oncles et tantes éloignés. Quand je suis chez moi, je n'ai pas la base que tout être humain sur cette terre se doit d'avoir, mais je l'ai chez des gens qui n'ont, à l'origine, pas à jouer ce rôle.

J'y passe une année entière, je deviens parfaitement bilingue, entre temps ma grand-mère nous quitte, mais je reste malgré tout en Hollande, de sorte que ma maman puisse se consacrer à son nouvel amour plutôt qu'à moi, comme je viens de vous l'expliquer. J'ai même appris plus tard par mon oncle, qu'au bout d'un an, elle leur avait proposé que je reste vivre chez eux. J'ai failli défaillir quand j'ai appris ça tellement il me semblait que ma vie aurait été meilleure si j'étais resté chez des gens qui me donnaient autant d'amour. Mais mon oncle avait refusé, parce qu'il craignait qu'une fois passée la fougue du jeune amour qu'elle découvrait avec son nouveau conjoint, elle se rappellerait certainement qu'elle avait un fils en Hollande. Mon oncle et ma tante ne souhaitaient pas vivre alors cette séparation qui s'imposerait à eux, ma mère étant alors dans la légitimité de me récupérer.

Pendant cette année, mes parents me rendent visite occasionnellement et séparément bien sûr. Je ne réalise pas encore, à ce moment-là, que mon père joue avec moi quand il me rend visite, et que ma mère passe le plus clair de son temps de visite à discuter avec ma tante, après m'avoir offert deux raquettes de badminton !

Quand je rentre en France, je suis de nouveau envoyé pendant une durée qui m'échappe chez une tante, puis chez une autre... Je continue à gêner...
Ce n'est réellement qu'en rentrant en CE1, vers 6 ans, que j'intègre le foyer de ma mère et de mon futur beau-père. En tout cas pour ce qui est de la semaine, car je suis régulièrement envoyé à droite, à gauche pendant les week-end.

Et mon père dans tout ça ?

Nous sommes partis en voyage en Tunisie, à mon retour de Hollande je crois, dans un Club Med. Il y a fait la rencontre d'une bordelaise. Là encore j'ai dû faire l'expérience de l'exclusion : j'étais bien entendu inscrit au mini club la journée (là où les parents se débarrassent de leurs rejetons pour profiter un tant soit peu de leurs vacances !), mais ça je peux le comprendre, parfois j'en rêve avec mes enfants... Un soir, où il devait y avoir une soirée importante, et où mon père devait avoir les mains libres de tous mouvements, et surtout de tout enfant risquant de compromettre une tentative d'approche, il m'a mis à dormir dans la case que nous occupions tous les deux. Le village était constitué de cases précaires, très en contact avec l'extérieur. Je ne sais plus pour quelle raison, si j'ai eu peur, ou faim ou soif, mais je me suis mis à appeler mon père dans tous les sens. J'ai oublié comment s'est terminée l'histoire mais je sais que ça a remué la moitié du Club !

Décidément la vie m'envoyait à vivre une grosse expérience de non appartenance. Visiblement que ce soit du côté paternel ou du côté maternel, je dérangeais.

J'ai traîné ça pendant près de 45 ans, et j'ai encore parfois des réminiscences. C'est le Festen (travail de développement personnel dont je vous parle de temps en temps dans ce livre) qui a permis de me faire monter en conscience sur ce fait. Mes parents ont clairement ancré en moi un sentiment de « je suis de trop ». J'ai donc éprouvé ça avec mes amis, avec mes copines de coeur. Dans une assemblée, celui qui ne savait pas quoi faire de sa peau, c'était qui ? Gagné, c'était bibi !

Tout ce que nous vivons enfant s'inscrit de façon durable en nous et il faut un gros travail sur soi pour le surpasser, pour se libérer de ce que nous avons appris de nos parents.

Il y a une vidéo assez dure qui tourne depuis quelques années sur les réseaux sociaux, mais qui illustre bien ça : on montre des adultes qui fument, boivent, frappent, etc. Et derrière eux des enfants qui les suivent et qui font exactement la même chose ; fumer, boire, frapper. C'est dur à voir, c'est quelque part irréel de voir une gamine de 5 ans avec une cigarette à la bouche, mais c'est tellement vrai.

Je trouve que mes enfants ont parfois un langage de charretier. Ce n'est pas bien, je n'aime pas que mes enfants parlent comme ça. Mais d'où peuvent-ils bien tenir ça; ils ne vont pas à l'école et ne regardent pas (ou presque pas) la télévision, ce n'est pas normal. Ah je sais, ils vont au catéchisme et font du sport en club, c'est là qu'ils apprennent tous ces vilains mots...
Oui, sauf que mon épouse, quand elle s'énerve, ne parle pas très très bien... Quand je le lui fais remarquer, elle me renvoie le compliment... Mince, si mes enfants parlent comme ça, c'est parce que JE parle comme ça. A coup de « merde », « putain » (bon même si dans le sud de la France, ça représente un point !), « bordel », etc... Les enfants reproduisent.

Vous voulez que vos enfants fassent autrement ? Ne leur dites pas, montrez-leur !

Quand j'étais petit, ma mère me serinait pour que ma chambre soit rangée, mais quand j'apercevais la sienne, elle était dans un état indescriptible...
J'ai toujours entendu ma mère parler de ses découverts bancaires, et que son salaire venait lui remettre les comptes à zéro à chaque début de mois. J'ai fonctionné exactement de la même façon pendant mes vingt ans de carrière dans l'hôtellerie. Je ne me suis libéré de ça qu'au moment de devenir indépendant.

Mon père a rapidement fait monter sa copine bordelaise dans les Ardennes, mais elle n'a pas supporté le climat… Pas plus qu'elle ne m'a supporté... Quand j'allais en week-end chez mon père, je sentais clairement que je dérangeais. Ses deux enfants et elle-même me le faisaient bien sentir.

Le sentiment d'exclusion continuait à bien s'ancrer en moi…

Ils ont assez rapidement quitté les Ardennes pour aller s'installer à Bordeaux. Bien entendu, l'alternance des week-end a cessé dans la foulée. A partir de ce moment-là, je perdais clairement la sécurité qu'un père se doit d'offrir à son fils, et notre relation s'est résumée à un mois de vacances chez lui à Bordeaux à mes 7 ans, vacances pour moi, mais pas pour lui, une semaine à l'âge de 12 ans, et un après-midi à 16 ans... Autant dire qu'à ce moment-là, je ne connaissais pas mon père.

Mais il me restait un beau-père, pour m'offrir le masculin dont j'avais besoin pour grandir. Perdu... Il était là, mais pas vraiment.
Père de deux garçons âgés de 4 et 7 ans de plus que moi, qui vivaient principalement chez leur mère, je le trouvais assez marrant au début, parce qu'il me réprimandait en rigolant. Mais ça n'a duré que peu de temps…

J'ai rapidement croisé un nouveau sentiment d'exclusion. Pour des raisons qui m'échappaient à l'époque, j'ai très rapidement appris que, dans l'appartement que nous habitions, mon territoire se résumait à ma chambre, la cuisine, pour y manger, et la salle de bain et WC, pour des raisons évidentes. Non, je n'étais pas le bienvenu dans la pièce à vivre...

Don't disturb !!!

Certes, je voyais bien une différence avec mes séjours en Hollande, où je continuais à passer toutes les vacances scolaires, d'une durée d'une semaine aux deux mois d'été, pour mon plus grand bonheur. Là-haut, j'étais vraiment le bienvenu, j'étais attendu, et je ne connaissais ma chambre que pour y dormir. Tout se passait toujours « tout le monde ensemble ». En Hollande, ils ont un mot pour dire que la situation est chaleureuse, mais qui, pour je ne sais quelle raison, est bien plus fort que chez nous : *gezellig* (ne cherchez pas à le prononcer, j'ai essayé de vous le retranscrire en phonétique, mais c'est impossible !). Ce mot est employé quand on se sent vraiment hyper bien, quand tout est aligné, pas de tensions, pas de stress, des échanges, des partages, des jeux, des repas agréables... Difficile de vraiment expliquer ce mot; il faut le vivre pour le ressentir vraiment. Je prendrais bien l'exemple des fêtes de fin d'années pour l'illustrer, mais je sais qu'elles ne sont pas tant que ça synonymes de bien-être pour bon nombre de personnes.

Non, chez moi, ou du moins chez ma mère et mon beau-père, je passais mon temps dans ma chambre, et quand j'ai été en âge de le faire, j'étais appelé pour mettre le couvert, sans faire de bruit, mon beau-père ayant toujours eu une affection particulière pour toutes formes d'informations : radio, journaux, télévision. Nos repas se passaient sans dire le moindre mot, le journal télévisé nous déversant sans cesse son flot de réjouissances, midi et soir...
En plus des informations, j'avais droit aux échanges concernant la concession automobile dont ils étaient propriétaires : monsieur Machin avait-il eu son crédit ? La vieille bagnole qui traînait sur le parc depuis bien trop longtemps avait-elle été enfin vendue ?... Plein de sujets qui n'intéressent bien sûr pas le moins du monde un enfant...

Et pourtant, malgré tous ces moments désagréables que j'ai vécus, lorsque je suis devenu père, j'ai reproduit. Oui vous avez bien lu, j'ai reproduit les mêmes schémas : un enfant ne doit pas déranger, il n'a rien à faire avec les affaires des grands, il ne doit pas parler à tout-va à table, son terrain de jeu, c'est sa chambre...

J'ai quitté ma première épouse trop rapidement pour pouvoir partager notre expérience de parents. Par contre, pendant tout le temps de notre séparation et de ma rencontre avec ma seconde épouse, lorsque j'avais ma fille en week-end, celle-ci m'empêchait de manoeuvrer comme je l'aurais voulu. Elle était un frein à ce que je puisse refaire ma vie correctement.
Je n'hésitais pas à faire jouer ma profession d'hôtelier pour éviter de devoir la prendre avec moi; en gros, j'avais mieux à faire.

Croyez bien que ça me coûte d'écrire ça, mais c'est la vérité, alors, pardonne-moi ma fille, je ne savais pas...

Il y a de plus en plus de gens qui s'intéressent à la parentalité : éducation non violente, parentalité bienveillante, etc... Le unscooling prend de plus en plus d'importance.
On réalise de plus en plus que les enfants SONT !
Ils sont des êtres à part entière, ils sont certainement parfois bien plus « évolués » que certains adultes, ils comprennent beaucoup de choses. Bien plus que certains d'entre nous.

Je me souviens d'un jour où j'étais calé sur une de ces émissions hautement culturelle et spirituelle sur une station de radio FM de « dance » bien connue en France. Ils appelaient des auditeurs pour leur poser je ne sais plus quelles questions. Une jeune maman s'était mise à parler mal,

vulgairement, mais c'était un peu le jeu de ce genre d'émission : provoquer pour faire de l'audience.
Jusqu'à ce qu'on entende un bébé pleurnicher…
Une des animatrices avait interrogé la maman en lui demandant si elle parlait comme ça devant son enfant. La maman avait répondu : « Ah mais oui, mais c'est pas grave; elle comprend rien, elle n'a que deux ans ! »…

Bien sûr que si, elle comprend tout, madame !

Mais je ne vous blâme pas. J'ai longtemps pensé qu'un enfant ne comprenait les choses que lorsqu'il était lui-même capable de parler.

Erreur !

Un enfant comprend très rapidement, dès sa présence dans le ventre de sa maman.

Je tiens pour exemple notre petit dernier. C'est un enfant lumineux, d'une extrême sensibilité, d'une grande violence aussi, mais avec une très grosse peur de l'abandon, et de la mort.

Dans quelles conditions notre petit loup a-t-il été conçu et a-t-il grandi ?

Nous étions installés dans notre dernière grande maison. Mon épouse était en pleine formation de massage bien-être à Avignon, quand nous nous sommes posé la question d'une éventuelle grossesse. Je suis presque plus fiable qu'un test de grossesse, parce que son caractère change radicalement. Pour être bref, à chaque grossesse, je m'en suis toujours un peu pris plein les dents. Ceci dit, je ne lui en veux pas du tout; elle n'a pas eu la chance qu'ont certaines autres femmes de vivre une grossesse de rêve, bien au contraire, ces périodes ont toujours été très difficiles pour elle.

Malgré tout, il fallait en être certain et faire ce fameux test : c'est donc un matin de Décembre 2012 que j'ai retrouvé ma femme en pleurs dans la salle de bain, le test venant de confirmer que nous serions un ou une de plus quelques mois plus tard…

Choc numéro 1 pour notre enfant.

Nous nous raisonnons rapidement. Même si nous n'avions pas prévu l'arrivée de cet enfant, nous l'accueillerons avec plaisir dans notre famille. Pour nous, dans notre façon de voir les choses, il n'était pas là par hasard, et il était hors de question de faire autrement, même s'il chamboulait nos projets. Et puis, c'était sûrement notre petite fille qui pointait le bout de

son nez. Trois gars à la maison, c'était sympa, mais une fille de plus à plein temps avec nous c'était chouette.
Sauf que… Le troisième était UN troisième et pas UNE troisième…
Déception non dissimulée…

Choc numéro 2 pour notre enfant.

A peine un mois plus tard, nous sommes contraints de faire euthanasier notre cher Arès, magnifique Beauceron qui partageait notre vie depuis 6 ans. Il avait eu un sévère retournement de l'estomac, qui, couplé avec un soupçon de cancer des os, ne nous a pas trop laissé le choix. Sa perte a été un énorme coup dur pour la famille.

Choc numéro 3 pour notre enfant.

Dans le même temps, mon beau-père, le papa de ma moitié, faisait une troisième récidive de cancer, après le premier qui avait débuté 17 ans plus tôt. Il devait subir une très lourde opération début janvier. Contre toute attente, et après 12 heures d'interventions, il s'en sortait, avec « seulement » une perte, a priori temporaire, de parole. C'était assez grave pour le grand orateur qu'il était, mais il restait parmi nous.
Sauf que quelques semaines plus tard, le 31 Janvier exactement, il nous quittait brutalement.

Choc numéro 4 pour notre enfant.

La troisième grossesse de mon épouse a certainement été la plus difficile : nausées, grippe, alitée pendant les deux ou trois premiers mois…

Choc numéro 5 pour notre enfant.

Comme c'est bizarre, peu de temps avant de nous rejoindre dans ce monde, il se présente en siège ! Ben tiens!

« Vous croyez vraiment que j'ai envie de vous rejoindre après tout ça ! »

Après sa naissance, il a eu beaucoup de mal a considérer le monde en dehors de sa maman. C'est fréquent chez les bébés, mais chez lui c'était très fort, bien plus qu'avec les autres enfants. Même moi, il ne m'acceptait pas.

Pour terminer sur une preuve flagrante que les enfants comprennent bien plus que ce qu'on imagine : ils sont… Allez j'ose le mot… Ils sont connectés !
Alors âgé d'environ 2 ans, il accompagne sa grand-mère maternelle dans son bureau. Il y a de nombreuses photos de feu son mari posées un peu

partout. Notre fils regarde les photos, dit à sa grand-mère que c'est son Papy, et il se met à pleurer à chaudes larmes.

Je vous rappelle qu'il ne se sont jamais croisés !

Si vous le rencontrez un jour, vous serez certainement étonné de constater qu'il parle de son aïeul comme s'il l'avait connu. C'est presque flippant !

Revenons au petit Axel chez ses « parents ».

Rapidement le bouchon a été poussé jusqu'à me laisser dîner seul dans la cuisine pendant que mes « parents » mangeaient dans la pièce à côté, pour des raisons aussi variées que « le dimanche soir est notre soir » ou « tu ne manges pas de fruits de mer, alors autant que tu manges de ton côté ».
Cette notion de territoire était si forte que lorsque nous mangions tous ensemble dans la salle à manger, j'avais l'impression d'être invité chez quelqu'un...
J'étais en quelque sorte un étranger chez moi. Tellement étranger que les portes des chambres et bureaux auxquels je n'avaient pas accès étaient fermées à clef ! Eh oui…

Et puis, je ne sais plus exactement à quel moment ça a commencé.
Les gifles, les engueulades, les crises de nerfs de ma mère. Ce dont je me souviens, c'est que c'était violent, intense...
Le déclencheur ? La plupart du temps, une mauvaise note à l'école. Sachant que la notion de « mauvaise note » n'appartenait qu'à elle. Bien sûr il y avait logiquement les notes en dessous la moyenne, mais ça dépendait aussi des matières et de l'humeur. Par exemple, tout ce qui était de l'ordre de l'apprentissage pur et dur, du type histoire et géographie ne souffrait aucune note en-dessous de 12/20… Idem pour les poésies et autres récitations.

Un jour, je rentrais du collège, avec en poche une note de 18/20 en interrogation surprise et orale de français. Fier de raconter ça à ma mère, je déchante très rapidement. Certainement mal lunée ce jour-là, elle s'exclame que c'est inadmissible de ne pas avoir décroché la note maximale en s'étant porté volontaire. Je ne comprends pas, ou du moins, si, je commence à comprendre que ma mère manque de cohérence. Elle ne m'adressera pas la parole pendant une semaine pour cette « mauvaise note » selon ses critères.

J'ai découvert à ce moment-là l'INJUSTICE.

L'engueulade et les gifles étaient induites dans la mauvaise note. Je vous laisse imaginer dans quel état j'étais quand je récupérais une note sous la moyenne dès le premier cours du matin, et que je devais ruminer ça toute la journée avant de l'annoncer à ma mère. Car, oui, j'ai toujours eu l'honnêteté de le lui annoncer tout de suite.

Je repense à un problème de santé que j'ai traîné pendant des années : des démangeaisons terribles sur l'ensemble du corps. Je me grattais jusqu'au sang de jour comme de nuit. Les médecins n'ont jamais trouvé de quoi il s'agissait. Personne n'a jamais fait non plus le rapprochement avec le fait que tout ça disparaissait pendant mes séjours en Hollande.
Mon corps exprimait son stress de cette façon : le « mal-a-dit » !

Enfant, ma mère me terrifiait !

Puis, un jour est arrivé, où j'ai atteint la même taille physique qu'elle. Nous étions chez une tante, où j'avais passé le dimanche. Pour je ne sais plus quelle raison, ma mère a levé la main sur moi. C'était une fois de trop... Ça faisait trop longtemps que je supportais cette violence. Fort de la présence de cet autre adulte dans la pièce, je l'ai regardée droit dans les yeux, à sa hauteur, et lui ai lancé un « tente-le », en faisant mine moi-même de lui renvoyer sa baffe.

Bien qu'elle n'ait pas pris mon acte avec un grand sourire, c'en a été terminé !

Malgré tout, elle n'en a pas cessé d'être castratrice pour autant...

Pendant ce temps-là, le masculin dans ma vie n'était représenté que par mon oncle de Hollande que je voyais pendant toutes les vacances scolaires, et mon beau-père, mais qui n'a jamais posé aucun acte d'autorité sur moi, si ce n'est des remontrances interminables pour m'expliquer qu'à son époque tout était mieux : lui faisait du sport, moi non (ou du moins, pas les sports qu'il considérait comme tels), lui écoutait de la vraie musique, du jazz, la musique moderne, ce n'était pas de la musique... « De mon temps, de mon temps... ». Il est clair que le moment présent n'était pour lui que deux mots de la langue française associés par un pur hasard.

Je me suis d'ailleurs toujours posé la question de savoir pourquoi il n'intervenait jamais quand ma mère s'était mis en tête de me fracasser, et que je la suppliais d'arrêter... Une fois il est intervenu... Pour lui demander de se calmer, parce qu'elle se faisait du mal ! Une façon de voir les choses...

Car les raclées que je prenais par ma mère étaient d'une rare violence : j'avais le sentiment qu'elle s'acharnait sur moi, qu'elle passait ses nerfs sur moi. J'ai d'ailleurs eu l'occasion, plus tard, de lui poser la question et de lui exprimer ce que je ressentais à ce moment-là, et elle a admis, que c'était comme si elle se défoulait sur moi. Merci, me voilà rassuré, au moins, j'aurai servi à quelque chose...

Tout enfant que j'étais, je savais bien que ces raclées étaient complètement démesurées par rapport à ce que j'avais fait. Franchement je me demande ce qui se serait passé si j'avais fait vraiment des grosses bêtises : jeter le chat du voisin dans la peinture, voler dans un magasin, ou je ne sais quoi d'autre. *(En lisant le brouillon de ce livre, mon épouse m'a demandé pourquoi « un chat dans la peinture » ! En fait, je n'en sais rien; je n'ai rien contre les chats... Quand elle m'a posé cette question, je ne me souvenais même pas avoir écrit ça. Comme disent les jeunes : LOL !)*

Un jour, je fais un truc que je n'avais jamais fait, et que je n'ai jamais refait, et pour cause... Je triche lors d'une interrogation en classe. Je prépare mon coup en me faisant une « pompe », une « anti-sèche » que je glisse dans ma trousse. Sauf que le jour de l'examen, j'oublie complètement que j'ai fait ça, et je ne l'utilise pas. Et je ne la ressors donc pas non plus de ma trousse...
Quelques jours plus tard, je suis seul dans la cuisine avec ma mère qui prépare à manger. Pour vous décrire la scène, je dois rentrer un peu dans les détails : elle me tourne le dos, faisant face à l'évier, je suis assis à la table, en la regardant, il y a donc la table entre elle et moi... Je fais mes devoirs.
A un moment, je fouille dans ma trousse pour y chercher, un stylo; jusque là rien d'anormal ! Sauf que je tombe sur un petit bout de papier...

« Mais qu'est-ce que c'est que ça ? »...

Avant même que je réalise que c'est mon anti-sèche inutilisée, je prends conscience que je viens de faire cette remarque à voix haute, et que bien sûr ma mère l'a entendue. J'essaye tant bien que mal de ravaler mes paroles, de noyer le poisson, mais trop tard. Déjà qu'un poisson c'est hyper compliqué à noyer, avec ma mère c'est carrément « Mission Impossible » !

Quand elle a réalisé que j'avais ne serait-ce que tenté de tricher, elle a littéralement « pété les plombs ». Elle a hurlé, et comme elle était trop loin de moi pour me frapper, elle s'est acharnée à pousser la table sur moi. Oui, vous avez bien lu : elle a poussé la table de toutes ses forces sur moi, en me coinçant contre le mur.

Ma mère n'a jamais eu la carrure de Wonder Woman, mais vous savez comme moi, que quelqu'un qui s'énerve décuple sa force physique.
J'ai donc eu mal...
Mais j'ai eu d'autant plus mal que je crois que j'ai eu très peur. J'ai cru qu'elle allait « me laisser sur le carreau ».

Imaginez ce que j'ai pu ressentir. On était vraiment loin de maman = amour. Non seulement elle n'était pas amour, mais elle me mettait en danger, elle me mettait en insécurité. Et même si ce n'était pas son rôle de m'offrir la sécurité, mais celui de mon père, le fait qu'aucun masculin dans ma vie ne me l'offre ajoutait à la gravité de la situation.

Mes « études »

Durant toute ma scolarité, j'ai été un élève « moyen ». Un peu bon partout, mais sans plus.

Malgré tout, quand il a fallu choisir quoi faire dans la vie, j'ai décidé de devenir médecin.

Que choisir d'autre ?

Pendant les engueulades et les séances de distributions de gifles de ma mère, j'entendais en boucle : « Si tu continues à ne rien foutre à l'école, je t'envoie chez ton père... Tu deviendras ouvrier... Je te mets en pension ». Il était donc logique que pour moi, vivre chez mon père, devenir ouvrier ou me retrouver en pension n'avait rien de réjouissant.

Pour moi, qui grandissait dans une famille aisée d'une petite ville ardennaise, devenir ouvrier était du coup synonyme d'échec.

Echec et déception de ma mère. Impossible !

Pour situer la mentalité qui l'habitait à l'époque, je vais vous raconter une histoire. J'avais 16 ans, quand je suis tombé amoureux d'une fille de ma classe, avec qui je suis rapidement sorti. Nous étions bien tous les deux, et mes « parents » me l'avaient fait remarqué. J'étais comme un adolescent qui trouve un amour d'adolescent et qui se sent calme et posé. Pour le plus grand bonheur de tous.

Sauf que ça a dû faire peur à ma maman, puisqu'un jour, elle m'a expliqué que mon aventure avec cette fille ne pourrait pas aller bien loin. Devant mon étonnement, elle me dit qu'étant donné ses origines de fille d'immigré yougoslave, ouvrier, au chômage, il n'était pas concevable que moi, fils de concessionnaires, de patrons, je puisse afficher une relation durable et sérieuse avec elle. Deux personnes issues de milieux différents ne pouvaient imaginer un avenir ensemble. Nous sommes très loin de l'Humain, non ? J'ai aussi compris bien plus tard qu'il y avait une problématique non exprimée : « Que diraient les gens ? »

Pour respecter les métiers « nobles » aux yeux de ma mère, j'avais le choix entre notaire, avocat ou médecin. J'ai donc choisit ce dernier, en me disant, que ça gagnait bien sa vie et que ça c'était une bonne chose, sans entendre, à l'époque la petite voix qui me disait : « Mais tu réalises que tu vas recevoir à longueur de journée des gens qui vont mal ? ».

Et puis, est arrivé le jour où nous avons dû nous rendre à l'hôpital, aux urgences, pour mon beau-père. Impossible de me souvenir pourquoi je les y ai accompagnés, certainement que l'univers m'envoyait un éclairage, mais, là encore, j'étais loin de ma connexion actuelle...
Dans la salle d'attente des urgences, il y avait des gens malades, et des gens blessés. Parmi ces derniers, je me souviendrai toujours d'un homme, qui est rentré en tenant son bras dans un torchon ensanglanté. Quand les urgentistes sont arrivés vers nous, ils ont cru que c'est moi qui était malade et ils ont failli m'emmener !
J'avais donc développé inconsciemment la peur du sang pour ne pas avoir à étudier pour faire ce métier qui aurait certes comblé ma mère de bonheur, mais qui ne me convenait pas du tout. WoW !

A l'époque j'avais 16 ans, j'étais à l'aube de devoir vraiment choisir un métier, et je n'avais pas la moindre idée de ce que j'allais faire pour gagner ma croûte plus tard.

C'est seulement 6 mois avant la fin de ma terminale que j'ai eu l'idée de rentrer à l'école hôtelière. Tout gamin, j'avais aimé faire mon premier plat sorti d'un bouquin pour enfant, et, a priori, tout le monde avait aimé. Je me souviendrai toute ma vie de ce plat : bananes roulées au jambon, sauce moutarde ! Ben quoi ?
A l'annonce de ce choix, je pense que ma mère a dû se dire qu'il restait l'espoir que je devienne un grand chef de cuisine renommé...
Le choix de l'école hôtelière fut fait en fonction de sa renommée et je me retrouvai donc à Strasbourg, la meilleure école de France à l'époque après Thonon les Bains, mais les frais annexes à cette école-là étaient trop élevés.

Entré au lycée hôtelier à 400 km de mon foyer parental, je découvrais rapidement ce que voulait dire le mot « liberté ». Liberté de circuler dans une grosse ville, sans que ma mère ne soit mise au courant dans la minute qui suit, liberté d'aller en cours ou non (j'avais très vite découvert qu'étant majeur, je pouvais faire mes propres mots d'excuse pour mes absences, plutôt plus que fréquentes), liberté d'avoir une copine et d'habiter avec elle chez moi, dans mon studio...

Si ma mère m'a beaucoup laissé livré à moi-même, confié tantôt à l'un, tantôt à l'autre, me laissant seul à la maison, durant de longues journées, elle avait un très grand contrôle sur moi. Je ne lui reproche pas ses absences; elle avait choisi une vie de travail, du lundi matin à 8h00, jusqu'au samedi soir à 20h00, et aujourd'hui encore, dans son magasin d'alimentation biologique, elle travaille beaucoup, et je suis certain qu'elle fait partie de ces gens qui travailleront toute leur vie, jusqu'à ce la mort vienne les cueillir. C'est un choix, c'est son choix et il lui appartient.

Je me retrouvais donc seul les mercredis, et souvent les dimanches, parce qu'ils avaient pris pour habitude de déjeuner au restaurant, et que je préférais rester tranquillement à la maison plutôt que de devoir supporter pendant des heures d'être assis à une table sans pouvoir dire un mot. La semaine me suffisait pour ne pas revivre cette situation le dimanche aussi ! D'autant qu'ils avaient une prédilection pour les restaurants à caractère gastronomique, ceux où ils ont oublié de prévoir un espace pour les enfants, et où on attend à peu près une heure entre chaque plat...

Merci à eux, ils m'avaient laissés le choix de ne pas avoir à supporter ça. En échange je restais chez moi, à regarder des feuilletons à la télévision, et à jouer dehors avec mes copains de rue.

Si ma mère m'a beaucoup confié à d'autres, si elle a été très violente, je reste persuadé que ça a été sa façon à elle de m'aimer. Et elle avait réellement la crainte de me perdre. Juste elle avait à vivre l'ambiguïté d'aimer son enfant tout en voulant vivre sa vie de femme sans être entravée par ce même enfant. Aujourd'hui, c'est OK pour moi; tout est juste ! Je l'ai compris tard, mais je l'ai compris.

Du coup, étant seul, je faisais un peu ce que je voulais, mais dans mon esprit c'était comme si ma mère me surveillait en permanence. Je ne sais pas si vous avez déjà ressenti ça, mais j'avais le sentiment qu'elle était au courant de tout ce que je faisais. Peut-être avait-elle embauché des espions pour me surveiller ! Aussi, malgré son absence, j'ai toujours respecté à la lettre ses interdictions : pas de vélo en dehors de l'impasse, trop d'accidents de la route avec les deux roues, pas de copains à la maison, ce n'était pas non plus leur territoire, pas de télévision en dehors des émissions autorisées, etc. Et je respectais ça, à la lettre. Je vous le jure !

Je craignais tellement ma maman, que je n'aurais jamais imaginé faire différemment de ce qu'elle me dictait. A vos ordres, chef !
De toute façon, elle avait un don, un sixième sens pour savoir quand j'avais dépassé la ligne blanche. Alors, à quoi bon ?

Est-ce pour cette raison que je ne supporte pas le mensonge ? Je ne sais pas... Mais aujourd'hui j'ai un vrai problème avec le mensonge, avec le manque d'honnêteté et l'hypocrisie.

Par contre, elle a posé quelque chose qui m'a suivi un sacré bout de temps : la hantise des dimanches. A m'en faire mal au ventre, dès le dimanche matin. Et ça m'a suivi, à peu près jusqu'à mes 40 ans... Il faut que je vous raconte pourquoi, parce qu'il est important de bien comprendre que nos actes ont des conséquences parfois lourdes pour nos enfants.

Tous les dimanches matins de mon enfance, je tournais en rond le temps que ma mère et mon beau-père quittent la maison pour aller au restaurant. Je n'ai jamais été à l'aise chez moi, ou plutôt chez eux... Je ne savais jamais trop quoi faire, je n'avais du coup qu'une envie ; qu'ils s'en aillent, et que je puisse profiter seul de l'endroit, sans critiques, sans remarques...
Je me servais mon repas préféré, des raviolis, que je dégustais tranquillement avant de m'installer devant la télé ou de rejoindre mes copains dehors. N'allez pas croire que les raviolis c'était une punition ou qu'en plus des maltraitances, je n'avais le droit qu'à des boîtes de conserves. Non, au contraire, ma maman me proposait souvent des bonnes choses de chez un traiteur, mais c'était réellement mon plat préféré. Logique, demandez à un gamin ce qu'il veut manger, neuf fois sur dix, il vous réclamera des nouilles... Donc pas de fausses idées sur ce que je mangeais, c'était mon choix.

La journée se déroulait ensuite jusqu'à ce que mes « parents » reviennent de leur déjeuner. Et c'est là que mon stress s'installait jusqu'à ce que je sois dans mon lit. C'est à partir du moment où ils étaient revenus que LA question avait toutes les chances du monde de tomber :

« Tu as fait tes devoirs ? Tu as appris tes leçons ? »

Bien sûr, je répondais toujours par l'affirmative.

Si j'étais quasi certain d'avoir droit à cette question tous les dimanches entre le moment où ils rentraient et le moment où je me couchais, ce qui restait aléatoire, c'était la suite...
Soit ma mère en restait là, soit elle me lançait un : « OK, on va voir ça ». Il y avait quelque chose de sournois dans sa façon de dire ça, quelque chose que je recevais comme : « Ah ah, si tu n'a pas bien fait ton travail, tu vas t'en prendre une... ».

Vous savez certainement tous l'action que peut avoir le stress sur l'homme. Dans une certaine limite, un petit peu de stress constitue une énergie qui vous pousse, mais en trop grosse quantité, il peut vous paralyser complètement. Tout ça est très bien expliqué dans la formation sur la gestion du stress que je propose en ligne, avec accompagnement personnalisé.

Je n'ai pas souvenir d'avoir souvent eu de problèmes avec mes devoirs écrits. Le souci, si souci il y avait, venait presque toujours des leçons, poésies et autres choses à apprendre et à réciter. Non, je n'aime pas Jean de la Fontaine, Victor Hugo ou les dates de l'histoire de France parce qu'ils ont tous été responsables de raclées magistrales !

Parce qu'après la réponse de ma mère : « On va voir ça », c'était pile ou face; soit j'avais suffisamment appris mes leçons, et le stress me laissait tranquille pour que je puisse « donner satisfaction » à ma mère, soit je ne savais plus rien, et je me plantais... La suite, vous la connaissez.

Je me suis d'ailleurs parfois demandé si le côté aléatoire des réactions de ma mère ne venait pas de la journée qu'elle avait elle-même passée : si elle n'avait pas bien mangé ou si elle s'était embrouillée avec mon beau-père, alors il fallait qu'elle trouve un défouloir !

Si elle partait en mode défouloir, en plus des gifles, et du pétage de plomb, j'avais droit au discours, comme quoi j'étais un bon à rien, que je ne réussirais jamais dans la vie, que je serais un pauvre ouvrier, etc.

Quelles conséquences ça a eu sur moi en tant qu'adulte ?

Un malaise profond le dimanche !

Ne rigolez pas, il m'a suivi une grosse partie de ma vie. Dès le réveil je sentais un noeud au ventre qui ne disparaissait qu'en me couchant le soir. Parce que ce que je ne vous ai pas dit, c'est que je n'étais « sauvé » de LA question que lorsque je me couchais le soir... Quoique je crois bien qu'un jour elle m'a été posée au moment du bisou du coucher... Perdu !

Pendant des années de ma vie, j'ai ressenti un malaise profond le dimanche ! Un de mes deux jours de repos hebdomadaire. Tout ça parce qu'un de mes parents avait posé ça sur moi régulièrement. Et pendant très longtemps, je n'ai pas pris conscience d'où provenait ce malaise. Mais de toute façon je n'avais pas les outils pour m'en libérer, alors tout est juste.

Dévalorisation

Mais le plus grave, ce n'est pas d'avoir vécu un mal-être pendant tous ces dimanches. Le plus grave, c'est que les injonctions de ma mère pendant ces fameuses engueulades dominicales (ou autres d'ailleurs) ont créé en moi un énorme sentiment de dévalorisation. J'ai longtemps évolué en doutant profondément de ma valeur. Peu de confiance en moi et pas d'estime du tout.

J'ai dû faire un gros travail de guérison pour me remettre de cette dévalorisation, et je vous avoue qu'il m'arrive encore de vivre des situations où j'ai tendance à me dévaloriser.

Dans ces moments, je cherche la valorisation chez les autres, ce qui peut être tout bon ou tout mauvais, tout dépend de l'état d'esprit de l'autre. S'il vous veut du bien, c'est OK sinon, il va appuyer encore plus sur votre manque d'estime de vous.

L'idéal est d'être capable d'apprécier vous-mêmes votre propre valeur.

Prendre conscience de sa propre valeur sans avoir besoin du regard ou du jugement de l'autre. C'est une véritable épreuve. En tout cas, pour moi.

Strasbourg

Revenons-en à mon départ à Strasbourg, au lycée hôtelier.

A ce moment-là, en arrivant à Strasbourg, je croyais avoir coupé le cordon avec ma mère…

LOL ou MDR, à vous de voir !!!

A la fin de ma première année d'études, l'année de « mise à niveau » obligatoire pour tous les étudiants issus d'un bac général, il fallait trouver un stage de 4 mois en entreprise. Chacun partait dans des grands restaurants, des palaces, des grands hôtels, etc... Personnellement, j'étais à ce moment-là déchiré à l'idée de quitter ma copine pour une si longue période. Aussi, l'univers me proposa une solution : il restait un stage sur place, à Illkirch, dont personne ne voulait : cuisinier dans une grande cuisine de collectivité. Le restaurant d'entreprise servait plus de 1000 couverts uniquement le midi, du lundi au vendredi. Non seulement je continuais ainsi à vivre avec ma copine, mais en plus, je découvrais le métier de restaurateur sous sa forme la plus tronquée : sans travailler ni le soir, ni les week-end !

Je développais déjà à l'époque, sans le savoir, une envie de vivre « autre chose ». Je ne voulais, ou n'osais pas encore me l'avouer, mais c'étaient les prémices du fait que pour moi l'important n'était pas ma carrière, mais la VIE. Et à l'époque, du haut de mes, tout juste, 18 ans, vivre cette vie amoureuse était la seule chose qui comptait pour moi.

Mais comment j'aurais pu admettre et faire sortir ce que je sentais déjà naître au fond de moi ? Mon intuition, qui n'était à l'époque même pas à l'état embryonnaire, était très enfouie sous des tonnes de couches à nettoyer… Comment j'aurais imaginé faire autrement que ce qu'on m'avait seriné pendant toutes ces années ?

N'oublions pas : je ne serais quelqu'un qu'à travers mon métier et surtout mon poste. C'est dans cet état d'esprit que j'ai grandi. D'ailleurs j'en parle un peu plus loin dans ce livre, quand j'ai découvert ce que ça me faisait de ne plus me présenter comme étant « Axel Crevaux, directeur d'hôtel », mais juste moi. Axel, père de famille, qui jouit de la vie, et accessoirement qui donne des formations, des conférences et réalise de belles photos et vidéos.

Il me fallait donc réussir quelque chose, un semblant de carrière, parce que les choses ne pouvaient être justes sans ça.

Pouvait-on vraiment ETRE quelqu'un sans AVOIR ? Bien sûr que non...

Il fallait AVOIR une situation, AVOIR une vie amoureuse, AVOIR des enfants, AVOIR une maison, AVOIR une voiture, AVOIR, AVOIR, AVOIR... Et ETRE dans tout ça ???

Mais je réalise encore plus aujourd'hui en racontant mon histoire, que la graine était là dès le départ. J'ai toujours su au fond de moi qu'autre chose était possible, il me fallait juste le temps de le faire sortir de moi.

Côté amour, être aimé, et aimer était, du fait de l'enfance que j'avais eue, primordial, vital. Toutes les périodes de jeune adulte où j'ai été célibataire ont été des moments très difficiles pour moi. Difficile de me mettre en valeur, difficile de croire en moi... Il fallait que je me fasse valider par l'autre, et mon manque d'amour féminin me poussait à chercher un amour vrai, tout le temps.

C'est ce que j'avais trouvé en rencontrant ma première véritable amie, avec qui j'ai vécu, avec qui je suis parti en vacances, etc.

Il me semble inutile de parler ici de la déception de ma mère, qui appréciait beaucoup moins que moi mon amie... Non seulement, elle me détournait d'une grande carrière de cuisinier de renommée internationale, mais en plus, elle était plus vieille que moi, portait des jeans ultra moulants, était bien foutue et... fumait.... Pouah, quelle horreur !

A la rentrée scolaire suivante, j'ai retrouvé mes amis partis aux quatre coins de France pour effectuer leur stage, et un très bon copain, que je trouvai, à ce moment-là, très distant. En discutant avec lui, il me fit remarquer qu'avoir une copine c'est bien, mais oublier ses amis, c'est moche.

Pour expliquer ce qu'il voulait dire, je dois revenir en arrière, au tout début de la rentrée de l'année de mise à niveau.

A ce moment-là, nous avions été très proches avec 2 amis. Nous avions fait un peu les cons, beaucoup rigolé, passé un peu le plus clair de notre temps ensemble.

Jusqu'à l'arrivée, très rapide, de ma copine.

N'ayant pas connu l'amour enfant, en tant que jeune adulte, l'ayant trouvé, je voulais m'enivrer de ça le plus possible et le plus souvent possible. J'en ai donc complètement délaissé mes amis pour le reste de l'année scolaire...

Quand mon ami m'a fait cette remarque sur l'importance des amis, je l'ai pris de haut, un peu comme « moi au moins j'ai une copine, pas vous ». Mais intérieurement je savais que je vivais une étape importante de ma vie de jeune adulte : les autres n'étaient pas juste un concept, ils existaient vraiment ! Et il fallait y prêter attention.

Là encore, je dois faire un petit flash back sur mon enfance. Ma mère, si elle me laissait volontiers seul à la maison, ou me confiait, à la moindre occasion, à droite ou à gauche, n'en demeurait pas moins une mère très castratrice et protectrice. J'ai vécu un amour bizarroïde « sous cloche ». Nous habitions une impasse, et j'avais le droit de jouer dehors, mais uniquement dans le périmètre de l'impasse. Exit, l'idée de partir en vélo, d'inviter des amis à la maison, ou de participer à des anniversaires... D'ailleurs tous mes copains d'école le savaient, et ne m'invitaient donc jamais...

Les autres étaient pour moi juste un concept. A la maison, on les prenait en exemple pour dire qu'ils étaient mieux que moi parce qu'ils avaient des bonnes notes ou qu'ils jouaient au foot, mais quand je me servais des autres comme excuses pour une mauvaise note que tout le monde avait eu, là ils ne comptaient plus...

Suite à la remarque de mon copain, je me suis mis en mode observateur, et j'ai été beaucoup plus attentif aux autres. C'est à ce moment-là que j'ai commencé à activer un outil extraordinaire, que j'ai, je crois, découvert tout seul : ma caméra virtuelle.

Aujourd'hui nous sommes tous équipés de caméra sur nos téléphones intelligents, mais je ne veux pas parler de celle-là.

Celle dont je veux parler, c'est une caméra imaginaire, qui ne se recharge pas, qui fonctionne à l'énergie humaine; une caméra que l'on choisit d'activer ou pas.

Ce que j'appelle « caméra », c'est en fait la capacité que nous avons d'enregistrer les situations qui se présentent à nous dans notre vie, à tout instant. Nous vivons des choses, tout le temps, tous les jours, chaque heure, chaque minute. Nous pouvons traverser ces moments sans nous arrêter, sans y prêter attention ou nous pouvons au contraire les analyser.
Pour les analyser, il faut pouvoir se poser, se repasser la scène pour en tirer les enseignements que l'univers nous a envoyés en nous présentant cette situation. Ce sont des épreuves, ce sont LES épreuves de la vie. Si on ne les voit pas, ou si on fait semblant de ne pas les voir, la vie nous les renvoie encore et encore et encore, jusqu'à...

Jusqu'à ce qu'on comprenne d'une façon ou d'une autre. C'est dans ces cas-là qu'arrivent les accidents, les maladies, etc.

Cette caméra enregistre tout ce qui nous arrive, mais nous avons le choix par la suite d'appuyer ou non sur le bouton PLAY. Appuyer sur le bouton PLAY, c'est déjà à mon goût un grand pas de fait : oser revivre une situation qui nous a dérangé, pour en tirer des enseignements : WoW !
Si vous le faites, en principe, c'est parce que vous avez quelque chose à régler avec cet instant que vous venez de vivre. J'ai rarement rembobiné le film pour revivre le moment de la journée où j'achetais une baguette de pain ! A moins que la boulangère n'ait été particulièrement désagréable avec moi et soit venue me faire travailler quelque chose.

Quand on revisionne le film d'une situation, en règle générale, c'est pour avancer, c'est pour apprendre à faire différemment la prochaine fois. Si c'est pour juste revoir, sans analyse, sans chercher à voir les choses autrement, différemment, alors c'est de la rumination. Pas très bon ça...

Revisionner peut nous amener à nous excuser d'avoir agi d'une certaine façon, peut nous amener à faire différemment la fois d'après. Bref, revisionner nous fait grandir dans notre vie, dans notre rapport aux autres.

Je me suis servi de ma caméra des multitudes de fois dans ma vie; avec mes amis, dans mon couple, avec mes enfants, avec mes collaborateurs, en management... Bref, avec les autres...

N'ayez crainte, cette caméra est inusable, elle sera toujours avec vous, et ne tombera en panne que si vous décidez qu'elle ne fonctionne plus. Vous avez les piles et le mode d'emploi avec vous, pas besoin de la recharger, pas de mise à jour, rien... Eternelle !

A vous de voir ce que vous voulez en faire.

Cette caméra permet aussi de reconsidérer que l'autre est toujours « le con ».

Vous savez, ces gens que l'on croise dans la vie; moi il y a quelque temps, vous peut-être... Ces gens qui passent leur temps à dire que les autres sont des cons, à critiquer, à juger. Parfois en regardant en toute neutralité le film de votre petite caméra, vous réalisez que le con, parfois, pour ne pas dire souvent, c'est... Vous !

La Nouvelle-Calédonie

En fin d'année civile, le plus jeune de mes deux demi-frères, est parti s'exiler en Nouvelle-Calédonie. Je ne savais pas trop ce que représentait ce pays, mais ça sonnait bien à mes oreilles. Sachant qu'il y avait un Novotel sur le territoire, je lui ai lancé une boutade quand il est parti : « Trouve-moi mon stage de BTS au Novotel, et je viens ! ».

Et il l'a fait !

Me voici donc, à la fin de ma première année de BTS, fin avril, assis dans un avion pendant 24 heures, pour rejoindre mon demi-frère dans le Pacifique, non sans avoir dû lutter dans tous les sens pour faire accepter le stage à l'école hôtelière !

Mais quand les choses doivent se faire...

Mon stage est moyennement intéressant, mais ma vie là-bas, beaucoup plus.

Pour le coup, le cordon est vraiment rompu. Enfin, c'est ce que je croyais à l'époque...

La distance permet certains choses, ou au moins en évite. On évite les prises de têtes, on évite les réflexions, la pression, etc.
Mais tout ça est illusoire, c'est un leurre. J'appelle ça « mettre un couvercle » sur le problème.

Rompre une relation, mettre de la distance, ne plus se parler ne résout rien. En apparence, si, mais juste en apparence. Le problème, s'il existe, ne disparaît pas comme ça, et c'est normal et juste.

Puisque nous sommes ici pour expérimenter, trouvez-vous logique qu'en les fuyant, les choses se règlent ? Non !
Une expérience se fait avec des produits, des ingrédients, et vous êtes un ingrédient. Vous êtes partie prenante dans l'expérience, alors si vous n'êtes pas là, ça ne fonctionne pas. Essayez donc de confectionner une pâte sans mettre de farine... Compliqué...

Pendant tout mon séjour à l'autre bout de la terre, sans moyen de communication facile, j'étais, en apparence, tranquille. A l'époque le courriel n'existait pas, les appels téléphoniques étaient extrêmement onéreux, donc pas de « prises de tête » possible. Trop cher !

J'ai donc cru que je n'étais plus sous l'emprise de ma mère, qu'elle n'avait plus d'influence sur moi. Et ça a été vrai pendant une année et demie, mais pas plus. D'autant qu'à mon retour, je suis revenu vivre quelques semaines chez eux, et que j'ai même travaillé au garage pendant un mois. Alors côté liberté, il faudra revoir la copie.

La relation avec ma copine est coupée aussi du coup, mais c'est une autre histoire qui n'a pas vraiment sa place ici, enfin, à un détail prêt...

Au bout de deux mois sur le territoire, je passe un moment sur la plage avec un ami, âgé de dix ans de plus que moi. Nous contemplons l'océan, sur la plage de l'Anse Vata, magnifique. Et là, il me lance : « Tu imagines que dans deux mois, tu te retrouves dans ton petit appartement de Strasbourg, avec ta petite vie étudiante. Pourquoi tu ne restes pas ici ? ».

Certes il avait raison, je n'avais aucune envie de rentrer, mais il me restait un an de BTS à finir... Les études, c'est important, quand même. Enfin, aux yeux de qui ? Moi ? Surement pas... Il me proposait à la fois une sortie de zone de confort et une rupture avec les croyances qu'on m'avait assénées depuis ma plus tendre enfance : il faut forcément avoir étudié pour réussir dans la vie. Lui me parlait de rester dans cet endroit paradisiaque, et en même temps, il estimait que mes connaissances hôtelières étaient suffisantes pour que je puisse prétendre à travailler et même à monter mon affaire.
Sur ce point, il n'avait pas tout à fait tort, quelques mois plus tard, je n'ai eu aucun mal à obtenir un poste de responsable, de maître d'hôtel plus exactement, chez le meilleur traiteur du territoire. Donc, oui les compétences, je les avais, avec ou sans diplôme.

Un mythe était en train de s'effondrer...

A ce moment-là, les pieds dans mes « claquettes », une Number One (bière locale) à la main, et certainement un petit joint (très local aussi !) dans l'autre, par 30° à l'ombre, le visage rafraîchi pour un petit alizé, je me suis projeté, quelques mois plus tard, dans mon studio, avec ma voiture, mon ordinateur, et mes études... Et j'ai ressenti un grand NOOONNNNN !

Juste pas WoW !

Comme je viens de le dire, nous étions loin encore de l'internet, de Skype et de la téléphonie gratuite, et c'est sûrement tant mieux, parce que je ne suis pas sûr que les choses se seraient passées de la même façon. Je suis plutôt persuadé du contraire.
J'ai donc pris ma plus belle plume, et j'ai expliqué en long, en large et en travers, à ma mère, que je souhaitais rester là ! Tout simplement. Oui mais quid des études ? Comment est-ce que j'allais passer mon BTS ? Personnellement je m'en foutais royalement de plus en plus, mais la liberté que j'avais soi-disant gagnée vis-à-vis de ma mère n'était que fictive, et due à la distance et au fait de ne pas se voir, ni se parler. En fait, rien n'était réglé !
Donc pour le BTS, je proposais dans le courrier de terminer ma seconde année grâce au CNED, par correspondance.

Le temps que le courrier arrive en France, que ma mère le lise, je n'ai pas trop respiré, oscillant entre l'idée que j'avais fait ce qui était juste pour moi, et l'engueulade sévère que j'allais ramasser. Je sais, il n'y a aucune raison de se faire engueuler parce qu'on a demandé quelque chose, mais peut-être que vous comprenez mieux ce qu'elle posait sur mes épaules, à force…

Et oui, j'ai longtemps craint ma mère, et non, rien n'était réglé !

Un jour, je ne sais plus comment nous avions goupillé la prise de rendez-vous, je me suis retrouvé dans une chambre du Novotel où j'étais en stage, pour attendre le coup de fil de ma mère. La dose de stress était à son comble...

Puis le téléphone a sonné, j'ai décroché, et la réceptionniste m'a passé ma mère.

Après avoir échangé quelques minutes, elle me lâcha : « De toute façon, si tu as décidé de rester là-bas, je ne vais pas venir te chercher ».

Sa réponse m'avait encore plus laissé croire que je devenais indépendant…

Mais bon, dans tous les cas, me voilà parti pour une année supplémentaire sur le Caillou.

Il faut préciser ici que si côté amour maternel, j'ai été plutôt lésé, financièrement parlant, je n'ai jamais manqué de rien. Ça a d'ailleurs toujours été un sujet de mésentente entre ma maman et moi, parce qu'elle a toujours considéré que le côté financier était essentiel dans la vie. C'est OK, en tout cas pour elle. Souvenez-vous d'où elle vient : si j'ai manqué d'amour, de son côté, chez ses parents, elle a manqué d'argent.
Encore une fois, la vie est juste… WoW !
Aussi, même si elle ne m'a pas « offert » mon séjour sous les cocotiers, elle me l'a largement facilité en me payant le loyer tous les mois.

Je vous passe les détails que les tonnes de livres et d'exercices que j'ai reçu du CNED n'ont pas servi à grand chose; j'ai rapidement réalisé qu'il m'était impossible de travailler dans de telles conditions : île, plage, cocotiers, soleil...

C'était le bonheur presque intégral.

Presque, parce que côté coeur, ce n'était pas tout-à-fait ça. Quand j'avais posé un pied à Nouméa quelques mois plus tôt, on m'avait fait les recommandations d'usage aux nouveaux arrivants, et entre autres, celle de ne jamais foirer une relation avec une fille, parce que vu la taille de l'île, ça se saurait vite...

Perdu pour moi, je me suis foiré !

Du coup, je me suis retrouvé face à ce manque d'amour dont j'avais tant souffert durant ma vie d'enfant, face à la dévalorisation, n'arrivant pas à trouver de copine, je me trouvais trop moche...

Alors j'ai écrit à celle que j'avais abandonné à Strasbourg au profit du soleil. En gros, déclaration d'amour, et invitation à venir me rejoindre ici, pour qu'on puisse construire notre vie ensemble ici.

Quelques semaines plus tard, j'ai reçu une réponse qui, au-delà du refus qu'elle contenait, m'a beaucoup fait travailler par la suite, même si le travail ne s'est réellement fait que quelques années plus tard.
Dans son courrier, mon ex-copine m'expliquait les raisons qui faisaient qu'elle ne viendrait pas me rejoindre, parmi lesquelles, notamment, ma relation avec ma mère. J'ai égaré cette lettre, mais je me souviens très bien que ça disait quasi mot pour mot :
« Règle tes problèmes avec ta maman, coupe le cordon, et tu pourras prétendre à avoir une vraie relation de couple ».

WoW !

Ça me faisait d'autant plus bizarre, qu'elle ne m'avait jamais parlé de la relation que j'avais avec ma mère quand nous étions ensemble. Et encore moins que cette relation la dérangeait. Mais au fond je comprenais fort bien de quoi elle parlait, et ça me faisait mal de voir que ma maman était en partie la cause d'un non-avenir avec cette fille.

Les années suivantes...

Je suis rentré en France après un an et demi passé sur mon île. Dans mes bagages j'ai ramené plein de souvenirs, mais j'ai aussi ramené un compagnon qui allait me suivre pendant pas mal d'années : le cannabis !
Quand je dis que je l'ai ramené, c'est une image; que les éventuels douaniers ou inspecteurs des stupéfiants qui lisent ce livre se rassurent, je n'ai rien ramené d'illégal !

Il faut comprendre que l'année et demie passée en Polynésie avait été une libération, enfin, plutôt une évasion vis-à-vis de ma mère. Loin des yeux, loin de l'emprise qu'elle pouvait avoir sur moi. Cette soit-disant libération brutale, combinée à mon passage de l'âge de 20 ans a eu un effet un peu « n'importe quoitesque » à ce moment-là. J'étais plus occupé à faire la fête qu'à penser à développer ma carrière ou moi-même.

Aussi, à mon retour en France, mon premier objectif a été de retrouver cette herbe magique. A partir de ce moment-là, je suis passé à une sorte de rituel de consommation où je fumais régulièrement après mon boulot, que ce soit mes « études » dans un premier temps, et mon boulot plus tard. Mais je reviendrai plus tard sur ce besoin d'ivresse que j'ai conscientisé bien longtemps après.

En parlant d'études, justement, de retour en Juillet, il fallait que je reprenne du service, n'ayant sans cela aucune idée de quoi faire, et n'imaginant pas à l'époque une quelconque possibilité de réussir ma vie sans, au minimum, un diplôme du type BTS.

Le lycée hôtelier duquel j'étais parti m'a accepté dans une section complémentaire en ingénierie hôtelière. Je ne savais pas trop ce que ça voulait dire, mais ça sonnait bien à mes oreilles, et à l'oreille de ma mère : dans le mot, il y avait le mot « ingénieur » ! Tout n'était peut-être pas perdu; je serais peut-être « ingénieur en Hôtellerie » ! Avez-vous déjà remarqué l'importance des titres ? En restauration un « chef stewart » n'est autre qu'un plongeur, celui qui fait la vaisselle quoi, et un technicien de surface, un agent d'entretien. C'est la conséquence de n'exister qu'à travers son métier, son titre, son poste.

Mais qui sommes-nous vraiment si on nous retire notre métier ?

Nous sommes.

Nous ne sommes pas le titre que nous occupons, nous sommes NOUS. Mais beaucoup de gens sont leur métier ou leur poste. Ce sont eux qui quittent ce monde seulement quelques mois ou années après la retraite.
Évidemment, que voulez-vous qu'ils continuent à faire ici bas ? Ils étaient venus pour être un métier. A partir du moment où ce métier n'est plus, que reste-t-il ? Rien...

L'année en ingénierie m'a plutôt intéressé, puisqu'elle nous amenait à être dans du concret, à savoir, concevoir et dessiner des cuisines et établissements hôteliers selon les normes en vigueur. En parallèle, j'étais censé préparer mon examen en candidat libre au BTS... Chose que je fis très très discrètement.

Ce qui devait arriver arriva donc, je plantai l'examen de fin d'année, certes à pas grand-chose, mais planté quand même...

A ce moment-là, j'avais dépassé l'angoisse de la réaction de ma mère. Pourquoi ? Aucune idée, mais un (petit) pas avait été franchi.

La vie active

A la fin de mes « études », je suis parti m'installer dans mon pays de coeur, en Hollande, pour me rapprocher de mon oncle et de ma tante. Lui développait un cancer depuis mon retour de Calédonie, et je voulais être là. J'étais parti avec la copine que j'avais rencontrée pendant mon année d'ingénierie.
Nous avions été embauchés dans un restaurant italien dans le sud de la Hollande, mon amie en tant que femme de ménage, moi en tant que pizzaiolo. Il faut dire qu'elle ne parlait pas un mot de néerlandais, et que cette langue est particulièrement compliquée à apprendre... Du coup, malgré ses brillantes études, difficile pour elle de trouver mieux.

La surprise a été qu'à peine installés dans la chambre que nous louions dans les combles du restaurant qui nous avait embauchés, le service militaire m'a rappelé en France. Eh oui, chers jeunes lecteurs, fut un temps, pas si lointain que ça, à partir de 18 ans, ou après les études, l'armée française appelait les garçons à venir faire les guignols sous les drapeaux pendant une dizaine de mois.

Je dus donc m'exécuter, laissant mon boulot et mon amie en Hollande, pour aller perdre un temps précieux sous les drapeaux.

Dans mon « malheur », j'ai eu la chance de faire mon service militaire dans un centre mobilisateur à Sedan, chez moi... Enfin « chez moi »... Je fais partie de ces gens qui se sentent chez eux partout et nulle part !
Pour ceux qui ne sauraient pas, un centre mobilisateur est un endroit où l'armée stocke du matériel en cas de guerre. Il y avait très peu d'engagés, et juste une centaine d'appelés, même pas... Les horaires étaient très souples, puisque j'étais dehors tous les soirs à partir de 16 heures, et le week-end, je rentrais chez moi, ayant réussi à faire gober à l'armée que j'étais résident hollandais, ce qui dans les textes n'était pas du tout le cas. J'ai donc bénéficié de jours de permissions supplémentaires et d'autres avantages qui m'échappent aujourd'hui.

Côté « professionnel », je me découvrais des talents de commerçant : je ramenais des plantes, que je vendais aux militaires présents sur place. A l'époque elles étaient extrêmement bon marché en Hollande, ce qui me permettait de faire une belle marge pour arrondir mes fins de mois. A tous ceux qui pensent que ces végétaux avaient des feuilles en forme de main, vous vous trompez, même si c'étaient les blagues favorites des gradés de la caserne, et bien que cette période ait été certainement ma période de plus forte consommation de cannabis de toute mon existence. Oui, il fallait bien oublier ces dix mois perdus à ne rien faire de concret dans ma vie.

A la fin de cette période obligatoire, j'ai été libéré de l'armée, de ma copine et plus tard de mon oncle et de ma tante.

En fait, ma période dans les îles avait ancré en moi un amour certain pour le soleil et les températures clémentes, ce qui était un peu loupé aux Pays Bas.
Mon oncle m'ayant libéré de l'obligation que je m'étais donné tout seul de rester proche de lui par rapport à sa maladie, j'ai contacté mon père, que je ne connaissais pour ainsi dire pas, pour le rejoindre sur Bordeaux.
Ma copine, après avoir enfin appris le néerlandais, a certainement considéré que c'était trop difficile de se mettre au bordelais et a donc quitté l'aventure.

Du coup, me voilà très rapidement après « la quille », rendu à Bordeaux, chez mon père (qui sortait d'une grosse période de surendettement), dans sa chambre, dans son appartement.

C'est au moment des fêtes de fin d'année, que la rupture avec mon oncle et ma tante de Hollande est intervenue.

En fait, arrivé chez mon père qui tirait encore le diable par la queue côté finances, je n'ai pas eu l'idée de lui demander d'appeler pour donner et prendre des nouvelles. Du coup, quand j'ai téléphoné pour souhaiter un joyeux Noël quelques six mois plus tard, mon oncle m'a fait comprendre qu'il était inutile que je rappelle une nouvelle fois. Coutumier des ruptures familiales (il avait rompu pendant 27 ans avec sa soeur qui avait mal parlé à son épouse), j'ai compris qu'il était inutile d'insister.
Ajoutez à ça que j'étais jeune et con (est-ce bien le terme, je ne sais pas), depuis peu dans mon appartement, et de nouveau dans le brouillard de mon amie la fumette, je n'ai pas insisté, ni tenté d'écrire, ni quoi ou qu'est-ce.

J'ai compris très longtemps après pourquoi la relation devait se terminer aussi brutalement. En effet, je n'ai plus jamais entendu parler de ceux qui m'avaient apporté le seul amour réel que j'avais reçu en tant qu'enfant.

En arrivant à Bordeaux, j'avais trouvé le seul boulot qui se rapprochait le plus des études que j'avais fait en ingénierie hôtelière; je me suis fait embaucher comme commercial chez Vogica. Pour les plus jeunes d'entres vous qui ne connaissent pas cette enseigne qui n'existe plus (non, je n'y suis pour rien !), il s'agissait d'un cuisiniste. Mon travail consistait à asseoir des couples en magasin ou à décrocher des rendez-vous téléphoniques pour vendre des cuisines ou des salles de bain à des clients ignorants d'une méthode de vente fort peu orthodoxe ! En fait, les prix étaient gonflés au moment du chiffrage du projet pour pouvoir faire des soi-disant super remises et décider les clients immédiatement. Le seul rapport avec mes études se situait dans le plan des cuisines, que je m'efforçais à faire les plus ergonomiques et professionnelles possibles. C'est tout !
J'ai supporté quand même d'arnaquer les clients pendant une année et demie, et surtout de ne pas gagner ma vie, mon salaire n'étant constitué que des commissions sur les ventes, très maigres chez moi. C'est à ce moment de ma carrière que j'ai découvert les fiches de paie à zéro !

Après une dernière tentative à Perpignan, ville située à quelques kilomètres du fief du vent et donc de la planche à voile : le magnifique spot de Leucate, à quelques kilomètres au Nord, j'ai quitté cette boîte à peu près au moment où je rencontrais ma première épouse. Aucun rapport entre les deux histoires bien entendu.

N'ayant pas encore compris que je n'étais pas fait pour la vente en mode porte-à-porte, j'ai récidivé en tentant de vendre des produits d'entretien à des professionnels, pensant qu'il serait plus facile de prendre des sous à des commerçants qu'à de pauvres consommateurs ignorants et fauchés. Erreur qui a duré moins de deux mois.

A partir de là, je me suis posé les bonnes questions, du moins je pense. Je me suis dit que j'avais quand même fait des études, certes en dentelles, mais études quand même, dans un secteur a priori porteur en terme d'emploi. A l'époque, à la fin de mon BTS, je n'avais pas voulu travailler dans le secteur de l'hôtellerie parce qu'il avait la réputation de ne pas payer beaucoup. Ça au moins c'était vrai !

J'ai donc arrosé le sud de la France avec mon maigre CV pour essayer de décrocher The Job !

Les choses étant bien faites, j'ai eu mon seul et unique entretien d'embauche à l'hôtel Mercure de... Perpignan.

C'était parti pour 18 ans de bons et loyaux services au sein du groupe Accor.
De Perpignan à Toulouse, à Saint Lary Soulan, en passant par Paris, Montpellier et Nîmes, je suis passé de réceptionniste à chef de réception, directeur de la restauration, adjoint de direction, directeur et directeur délégué.

J'avais « réussi » ma carrière, j'avais atteint, à force d'heures et de différents hôtels, mon objectif : devenir directeur.

Sauf que quand j'ai atteint cet objectif de vie (ça l'a été à un moment) je n'ai pas ressenti plus de satisfaction que ça...

Etait-ce vraiment MON objectif ? N'avais-je pas couru toutes ces années pour atteindre l'objectif de quelqu'un d'autre ? Quelqu'un d'autre qui d'ailleurs n'a jamais émis le moindre signe de fierté quand à cette réussite, les postes que j'avais décrochés n'étant pas suffisamment glorieux pour faire la une de la feuille de choux locale :

« Un jeune sedanais prend la direction du Carlton à Cannes »

Eh non, à la place, j'avais pris la direction d'un hôtel deux étoiles à Nîmes, un Ibis...

Bien plus tard, j'ai dû guérir ça : le fait que ma mère n'ait pas plus d'intérêt que ça dans ce que je faisais professionnellement, et personnellement d'ailleurs.

Du coup, inconsciemment, dans ma tête, s'est mis à germer un « what else ? ».

Maintenant que j'avais atteint un objectif professionnel, qu'est-ce qui allait bien pouvoir me faire vibrer à nouveau pour mon épanouissement personnel ?

Je n'avais aucune envie de prendre un hôtel plus gros, de me faire muter à un autre endroit géographique, de relever un nouveau challenge hôtelier… Bref, sans en être conscient, je ne voyais pas vraiment ce que j'allais pouvoir faire de plus dans ce métier.

Je commençais à entrer dans une phase stagnante. J'allais travailler le matin, et rentrais le soir sans avoir été réellement nourri de quoi que ce soit. Et bien sûr je ne parle pas d'alimentation… Mon salaire tombait tous les mois, point à la ligne.

Alors que j'avais pesté pendant des années contre les gens qui fonctionnent ainsi, j'étais moi-même entré en mode « boulot alimentaire ».

Je le réalise maintenant en écrivant.

Il est possible d'avoir un travail alimentaire à un moment dans sa vie, parce qu'on prépare quelque chose, qu'on cherche une sécurité pendant qu'on monte un projet par exemple, mais c'est quelque chose qui ne doit pas durer.
Enfin, pardon, j'ai toujours dit que je ne voulais pas vous dire ce que vous aviez à faire. Ce n'est pas ma façon de faire, je préfère conseiller, parce que notre expérience propre nous appartient. Ce qui est juste pour moi ne l'est pas forcément pour vous. Alors, pardonnez-moi si parfois je dérape, c'est juste que par moment les choses me semblent tellement évidentes que j'ai envie de vous éviter des erreurs. Mais en faisant ça j'en oublie un fondamental : je suis convaincu qu'il n'y a pas d'erreurs, il n'y a que des expériences. Et nous devons en vivre pour avancer. Parfois il est juste d'entendre un conseil, de le suivre et d'éviter une embûche, mais parfois, il faut se prendre les pieds dans le tapis, parce que c'est notre chemin de vie, et qu'il est important pour notre élévation de tomber à ce moment-là !

Donc, je vais plutôt vous dire que je vous conseille de ne pas rester éternellement dans une situation professionnelle ennuyante, parce que finalement quand on réfléchit bien, on passe le plus clair de notre vie à travailler, non ? Alors, c'est plutôt intéressant si on arrive à trouver une voie professionnelle qui nous épanouit.

Là encore, il ne faut pas croire que tel ou tel métier est mieux ou plus valorisant qu'un autre. Heureusement… Imaginez que certains métiers soient définitivement plus ennuyants que d'autres, ça risquerait d'être compliqué. C'est simplement qu'il y en a qui correspondent d'avantage aux uns qu'aux autres. L'idée est que chacun trouve celui qui lui corresponde le plus.

Comment vous expliquez qu'un directeur de marketing d'une grosse entreprise cotée en bourse se retrouve un jour à monter une société qui fabrique et vend des confitures ? Quel est le rapport entre les deux ? A priori, il n'y en a pas. Mais à un moment de sa vie cette personne a pris conscience que son travail ne la faisait plus vibrer, qu'elle avait envie d'autre chose.
J'ai un ami, calé en informatique, qui a abandonné les claviers, pour s'installer comme agriculteur bio, sur une petite parcelle, avec comme seul appareil « moderne » un petit motoculteur. Aujourd'hui, il gagne sa vie à coup de salades à 1€, et il est heureux !

Tout est juste, tout est WoW !

Côté coeur

En arrivant à Perpignan, j'ai rapidement rencontré celle qui allait devenir ma future épouse et mère de ma fille.

Nous vivions de très bons moments ensemble. J'étais content; j'avais rencontré une fille du sud; j'étais à l'abri de devoir partir ailleurs que là où le soleil brille presque toute l'année. D'ailleurs lors de notre rencontre, au moment où on échange sur qui on est, où on se découvre, elle m'avait dit que son futur métier de bibliothécaire risquait de l'amener à monter à Paris...
A ce moment-là, je lui avais dit qu'il était hors de question pour moi de monter vivre dans cette ville de fous (pardon aux parisiens qui me lisent, j'aime beaucoup la capitale en mode touriste, pas plus...).

Le premier couac est arrivé peu de temps après notre rencontre, quand elle a décroché son premier job à Toulouse. Vous me direz que Toulouse c'est pas Paris, mais imaginez que pour moi, amoureux du soleil, de la plage et des palmiers, je me retrouvais dans une grosse ville, dans un appartement avec vue sur un immeuble, avec une circulation de fous... Et un cambriolage à peine quelques semaines après notre installation.

Croyez-moi ou pas, j'ai mis six mois à m'y faire. Je regrettais amèrement mon petit deux pièces de Perpignan avec vue sur les palmiers, et les sorties de boulot qui se terminaient en bord de mer.

Mais bon, quand on aime on ne compte pas...

Depuis quasi mon retour de Calédonie, ma consommation de cannabis était régulière, à savoir que je fumais tous les jours, après le boulot, en rentrant.

J'ai toujours fumé, peu, mais tous les jours.

Par moment, je m'interrogeais sur la raison profonde qui me poussait à me mettre dans un état second : j'avais un travail qui me plaisait (enfin a priori), et une future épouse avec qui je passais de bons moments.

Pourquoi vouloir brouiller cette vie-là ?

A l'époque, bien que j'avais conscience que la vie ne pouvait pas être juste sans travailler sur soi, ma plus grande action de développement personnel consistait à avoir la capacité de revivre certaines situations de mes journées pour les analyser et les corriger si besoin.

C'est la caméra dont je vous ai parlé auparavant.

Je me repassais les moments clés pour voir ce qui avait pu partir de travers. Je conseille beaucoup, en formation, d'utiliser cette méthode parce qu'elle nous met face à nous-même. Seul, sans personne d'autre que nous, difficile de se mentir, difficile de regarder la réalité en face, sans réagir. A moins de vouloir se créer de gros soucis de santé...

Mon oncle de Hollande me disait quand j'étais enfant : « Tu peux mentir à la terre entière, mais il y a une personne à qui tu ne pourras jamais mentir... C'est toi-même ».

Et c'est vrai.

Avez-vous déjà essayé de vous mentir ? De vous dire que vous aviez raison dans une situation alors que vous saviez fort bien que vous étiez en tort ? Qu'avez-vous ressenti à ce moment-là ? J'aurais envie de vous demander ce que vous avez ressenti au niveau du ventre, ou plus précisément du plexus solaire, parce que pour moi c'est là que la plupart de mes émotions de ce type se manifestent, mais peut-être que pour vous c'est ailleurs.

Se mentir, c'est prendre un billet vers des soucis avec la personne la plus importante de votre vie : vous !

J'ai longtemps eu du mal avec ce que je viens de dire : considérer la personne la plus importante sur terre comme étant nous a longtemps été synonyme d'égoïsme pour moi. On m'a souvent traité d'égoïste quand j'étais petit. Ma mère me l'a dit : d'après elle, je ne pensais qu'à moi. Quand je repasse le film de ma vie d'enfant, je m'autorise à émettre quelques doutes. Objection votre Honneur !
Ma tante de Hollande me le répétait aussi souvent, pour une raison récurrente : je ne leur écrivais pas assez à son goût; je ne pensais qu'à moi...
Du coup, ils ont ancré ça en moi, et quand mes enseignements m'ont appris que le MOI était important, j'ai mis du temps à l'intégrer.

Mais en fait, ce que j'en ai compris, c'est que si mon moi va bien, je rayonne des belles énergies pour les autres, et du coup je partage du positif. Si je râle, je me plains, je critique, ce n'est pas OK.
Pas OK pour moi, pas OK pour les autres.

Moralité : pensez à vous ! C'est juste WoW !

Malgré tout, à l'époque je me cachais derrière des arguments vaseux du type : « fumer me détend dans un métier très stressant », ou « j'aime ça, et en plus ça fait du bien »...
Je ne voulais pas m'avouer que ma situation n'était pas OK; j'avais le sentiment d'être bien dans mon couple, dans mon travail, pas tout-à-fait au top côté situation géographique, mais il y a pire que Toulouse...

Je ne voyais pas non plus que ma vie était télécommandée. Je marchais tel un robot sur le chemin de ma vie : je voulais vivre le plus au sud possible, en bord de mer, et je me retrouvais à 200 kilomètres de la première plage, je voulais acheter une maison à la campagne, avec un petit jardin, mais mon épouse avait trouvé que c'était plus simple d'habiter en appartement... Tout ça je ne le voyais pas, ou je refusais de le voir.

J'ai aussi refusé de voir sa nomination à Paris, à la Bibliothèque Nationale de France. Moi qui avait toujours refusé de vivre dans cette énorme ville, pluvieuse, froide et loin de la mer, j'allais me retrouver obligé d'y aller.

J'ai résisté quelques mois en tentant de vivre dans le sud et mon épouse dans une chambre à Paris, mais entre les deux loyers et les allers-retours, il a fallu très rapidement se mettre en face des réalités : ce n'était pas jouable.

Alors, j'ai capitulé, je monterais à Paris, mais par contre, hors de question de faire un enfant qui grandirait entre les pots d'échappement et les rames de métro.

Ma fille est née un peu plus d'un an après mon arrivée dans la capitale !

Sauf qu'à ce moment-là, j'avais fortement réduit ma consommation de cannabis, et que je commençais à réaliser certaines choses : étais-je vraiment heureux dans cette situation ? Mon épouse tenait-elle vraiment compte de mes desiderata ?

J'étais tellement mal dans cette ville que la dernière fois que nous sommes partis d'un week-end en vacances chez ses parents dans le sud, je me suis mis à pleurer dans la voiture. Devant la tête effarée de mon ex-épouse, qui, je pense, n'a toujours pas compris pourquoi j'étais si triste, j'ai vraiment commencé à réaliser.

Oui mais voilà, je m'étais toujours juré de ne pas suivre la voie de mes parents, à savoir divorcer.

Alors l'univers a envoyé une missionnaire qui m'a extirpé de mon couple. En moins de temps qu'il n'en faut pour l'écrire (là, j'exagère un peu !), je demandais le divorce.

Je ne voulais rien, ni ma fille, ni le matériel, je voulais juste que ça se termine.

J'ai rencontré ma seconde épouse, dans l'hôtel où je travaillais. En fait, je l'ai embauchée, si on peut dire. Mais pas pour venir partager ma vie, non, non. Pour travailler comme agent de réservation !

Je n'avais aucune idée à ce moment-là de ce que j'étais en train de poser pour la suite de mon existence.

Elle n'était pas spécialement une employée exemplaire, bien qu'elle travaillait plutôt mieux que les autres, elle était assez régulièrement absente...
Mais vous savez, la première fois que je l'ai vue, le jour où j'ai débarqué à la bourre à la fin de son entretien d'embauche, qu'avaient mené mes assistants, juste pour lui dire « Si c'est OK pour eux, c'est bon pour moi », j'ai ressenti un je ne sais quoi pour elle. Mais vraiment rien de précis, je dirais même quelque chose d'imperceptible ou presque.

Ce qui me fait sourire en vous racontant ça aujourd'hui, c'est qu'une fois que mon ressenti s'est transformé en quelque chose de bien plus fort, appelé de l'attirance, je me suis mis en mode « cour ». Eh oui, vous avez bien lu; j'ai dragué mon épouse à l'ancienne. Ayant toujours eu l'habitude de vouvoyer mes collaborateurs, il n'y avait aucune raison que je fasse autrement pour elle, même si mes intentions étaient à ce moment-là tout autres que d'étudier des dossiers professionnels avec elle...

Elle vivait une relation compliquée depuis quelques années, et elle a été petit-à-petit attirée par le speedé que j'étais à l'époque. Il faut dire que lorsque nous sommes allés plus loin dans les discussions, quand j'ai fini par lui verbaliser mes intentions, nous avions découverts que nous avions tous les deux les mêmes envies pour notre vie : maison, nature, campagne, soleil, sud de la France...

A cette époque, le spirituel était, pour moi, juste un mot dans le dictionnaire. Mes années de scolarité en établissements catholiques m'avaient refroidi de toutes formes de croyances...
Je ne me posais pas vraiment la question de savoir s'il existait autre chose que le boulot, une relation amoureuse, une voiture et une maison.

Pourtant l'univers est venu frapper très fort à ma porte, même si je n'ai réalisé que bien plus tard ce qui s'était passé.

Un jour, j'ai raccompagné ma future épouse chez elle, en faisant un très gros détour dans Paris. Elle était très triste, sa relation devenait vraiment difficile et compliquée, mais elle était prisonnière. Nous avons posé la voiture dans le quinzième arrondissement et nous nous sommes baladés aux pieds de la statue de la liberté parisienne. C'est lorsque je la raccompagnai chez elle que nous avons échangé un premier baiser furtif.

C'était le 11 Septembre 2002, un an pile poil après les évènements tragiques de New York. Du coup, pour nous, tous les ans, quand beaucoup de gens pleurent ce drame, de notre côté, nous fêtons notre rencontre !

Peu de temps après, j'ai rendu visite à une amie sur Toulouse. En partant j'ai demandé à ma nouvelle petite amie de m'appeler. Etant donné qu'elle vivait encore chez son (ex)ami, je ne pouvais risquer de l'appeler. Sauf que j'ai attendu tout le week-end, sans que jamais mon téléphone ne sonne. Ce n'est que juste avant de prendre l'avion du retour que je l'ai eue au téléphone, et qu'elle m'a parlé un peu comme si rien ne s'était passé entre nous. Elle m'a raconté son week-end, très sympa, en compagnie de son ex, les balades dans le bois de Vincennes... Le tour en barque qu'ils avaient fait... Une espèce de noeud me tenaillait les entrailles... Mon intuition qui était encore une étrangère à cette époque me soufflait que la situation n'était pas terrible pour moi...

De retour à l'hôtel le lendemain, j'attends avec impatience de la revoir, tout en sachant qu'il allait être difficile de discuter... Après tout, aux yeux des autres, elle était une employée et il n'était pas question de s'étaler devant tout le monde.

J'ai dû attendre son départ, à la fin de son service, qu'elle s'en aille sans me dire quoique ce soit, juste un « au revoir, à demain »... J'ai tout juste réussi à lui demander discrètement si on se verrait cette semaine-là, mais sa réponse m'a vraiment attristé : « Ça va être compliqué... ». A ce moment-là, c'était pour moi évident qu'il s'était passé quelque chose ce week-end là.

Aïe... Ça sentait vraiment le roussi.

Je ne pouvais rien faire de plus, trop de gens autour de nous, mais intérieurement, j'étais anéanti. Que se passait-il ? Que s'était-il passé durant ce week-end où je n'étais pas là ? Je n'allais pas tarder à le savoir.

Dès qu'elle fut partie de l'hôtel, je l'ai appelée sur son cellulaire, et lui ai demandé ce qui se passait.

Elle m'apprit alors que, durant le week-end, elle s'était remise avec son copain...

Ma tête, mon cerveau avait envie de l'insulter, de lui proposer d'aller voir ailleurs, et bien d'autres mots pas très beaux, ni à dire, ni à écrire.
J'ai donc ouvert la bouche pour lui répondre quelque chose dans le genre et voilà ce qui en est sorti :
« Je comprends, ta relation avec ce garçon n'est pas évidente, elle est compliquée, vous avez rompu et repris plusieurs fois durant toutes vos années ensemble. Prends ton temps, je ne suis pas pressé, je t'attendrai, je serai là le moment venu ».

Heu, allô, qui a pris la ligne à ma place, qui s'est autorisé à répondre ???

Pour la toute première fois de ma vie, je faisais connaissance avec mes guides, sans m'en rendre compte le moins du monde ce jour-là. J'étais juste époustouflé de ne pas avoir envoyé copieusement balader la future maman de mes garçons.

J'ai pris le parti de vraiment lui laisser du temps, et j'ai vaqué à mes occupations, bien que mourant d'envie que les choses se rétablissent entre elle et moi.

A force de patience, quelques semaines après, un soir, mon téléphone a sonné, alors que j'étais chez moi. C'était elle... Elle voulait récupérer une lettre, une déclaration d'amour que je lui avais écrite, et qui, pour je ne sais plus quelle raison, s'était retrouvée chez moi. C'était sa façon à elle de me faire signe.

Nous nous sommes mariés en mai 2005, et avons trois garçons merveilleux.

Ma nouvelle vie

Comme je l'avais promis à ma future épouse, nous sommes partis de Paris environ six mois après nous être rencontrés.

Après le divorce, mon ex-femme avait demandé un rapprochement familial à son employeur, et m'avait assez rapidement annoncé qu'elle avait obtenu un poste à Montpellier à la rentrée suivante.

J'avais été assez surpris de voir qu'une fois séparés, il était très simple pour elle d'obtenir une mutation dans le sud, alors que du temps où nous étions mariés, je pleurais de redescendre, et que sa seule réponse était « Je suis obligée d'attendre quelques années avant de pouvoir faire une demande qui sera peut-être acceptée ». Bizarre ce système.

Mais je ne savais pas encore que les choses avaient dû se mettre en place pour que je quitte cette femme pour en rencontrer une autre. Celle qui devait m'amener vers autre chose.

Après l'annonce de la mutation de mon ex-femme, mon angoisse a rapidement été de me retrouver trop éloigné de ma fille, âgée à l'époque d'à peine plus d'un an.

Mais le ciel a encore une fois été avec moi : je trouvais rapidement un poste d'adjoint de direction sur Montpellier, deux mois avant qu'elle ne descende.

J'avais donc à la fois ma mutation dans le sud, et je restais proche de mon enfant.

Nous avons trouvé un petit appartement en bord de mer. Nous y sommes restés un peu moins d'un an.

Quand nous sommes arrivés dans le sud, je fumais des cigarettes et en étais même rendu à deux paquets par jour. Je consommais très peu de cannabis, ma nouvelle amie n'aimant pas vraiment ça... enfin, surtout l'état de débile léger dans lequel me mettait le moindre petit joint !
Je n'avais pas connu ça avec mon ex-femme. Elle n'avait jamais été dérangée par les deux ou trois pétards que je m'envoyais tous les soirs. Manque d'intérêt pour moi ? Réelle insouciance ? Je ne sais pas... Ce que je sais par contre, c'est que j'aurais assez mal

pris qu'elle me prenne la tête avec ça... Il fallait que je vive ça; au fond de moi je le savais, c'était juste !
Avec ma seconde femme, c'était tout autre chose.

Peu de temps après notre installation, nous étions rendus, elle et moi, côté cigarette, à fumer une roulée par soir, au moment de l'apéritif. Pas plus, pas moins... Et plus rien en journée. Nous étions presque devenus non fumeurs, mais cette dernière cigarette était très difficile à supprimer.

Puis le grand-père de mon épouse est décédé. Elle s'est rendue seule à l'autre bout de la France pour son enterrement, mon travail ne me permettant pas de m'absenter pour l'accompagner.
Pendant les quelques jours où elle a été absente, elle n'a trouvé personne pour lui rouler sa cigarette du soir, elle-même ne sachant pas faire. Du coup, elle en a profité pour arrêter net sa consommation de bâtons de cancer.
A son retour, je me suis retrouvé devant le fait accompli. Nous étions alors bancals : un fumait, l'autre non. Ça ne pouvait pas durer longtemps ainsi. Je lui ai donc fait la promesse d'arrêter moi aussi, ce que j'ai fait assez rapidement.

Jusqu'à, quelques jours plus tard, le soir de la Saint-Valentin.

Nous fêtons dignement l'évènement tous les deux dans notre appartement, boisson à l'appui. Au bout de quelques verres, l'ivresse aidant, j'annonce à ma femme que je fais une exception, et que je vais me rouler une cigarette...
Je ne sais pas si c'est la réaction qu'elle a eue qui fait qu'à ce jour, je n'ai toujours pas repris le tabac, mais ça a été clair et net. A ses yeux, je manquais de parole, je n'étais pas honnête, j'en passe et des meilleures.

Je pense que cette soirée a été capitale dans la vie de notre couple...

Quelques mois plus tard, nous avons trouvé notre première maison dans la garrigue, avec un joli terrain, sur lequel j'ai pu construire moi-même une piscine hors sol en bois.

Depuis que nous étions descendus dans le Sud, j'occupais un poste d'adjoint de direction dans un hôtel à Montpellier. Je ne me suis jamais réellement éclaté dans cette mission temporaire, puisqu'il s'agissait de remplacer l'adjointe de direction en congé maternité. Le directeur en poste m'envoyait au front devant des réceptionnistes qu'il n'avait pas le cran de manager. Du coup, je passais pour le méchant de service, et ça ne me plaisait pas spécialement, d'autant que je n'avais pas du tout les mains libres côté organisationnel.

Quelques mois avant notre emménagement dans notre maison, j'avais eu une proposition de mutation pour ma première direction. C'était pour prendre la direction de l'Ibis Bourg-en-Bresse.

Nous y sommes allés un dimanche en fin d'après midi; j'avais rendez-vous avec le directeur en poste le lendemain matin pour discuter de son établissement avant son départ.

Quand nous sommes arrivés par un brouillard à couper au couteau, nous avons demandé aux deux réceptionnistes en poste ce qu'il y avait à faire ou à voir dans le coin. Elles se sont retournées sans dissimuler un énorme point d'interrogation avant de nous dire : « Vous pouvez aller au cinéma… Sinon, il y a une exposition canine » !

WoW. Enfin, pas vraiment.

Après avoir posé nos bagages, nous avons pris notre voiture et sommes partis là où notre coeur nous guidait : vers la campagne et la nature. Je ne sais pas si c'est pareil pour vous, mais je trouve que la nature a tendance à être d'autant plus belle et accueillante qu'elle est arrosée par un large soleil, et non par une purée de pois qui nous empêchait de voir à plus de quelques centaines de mètres. Je me souviens que nous avons été dans un coin où il y avait un lac avec des chalets au bord, tous fermés : on se serait cru dans un scénario de film d'horreur. Si un zombie était sorti de nulle part pour sauter sur notre voiture, je n'aurais même pas été surpris.
Pardonnez-moi, si vous habitez dans cette région, ou si vous y êtes attachés, mais sur ce coup-là, non, nous n'avons pas été séduits le moins du monde. Au contraire.
D'un autre côté, c'était ma première direction, et c'est difficile de refuser en mettant en avant que la région et le climat ne vous correspondent pas. « Ça ne se fait pas » !

Sauf que même à supposer que je fasse un effort pour ma carrière, nous nous demandions sérieusement ce que mon épouse allait bien pouvoir faire de ses journées dans ce coin paumé (là aussi, pardon aux habitants de cette région)…

Malgré tout, le lendemain, j'ai passé une bonne partie de la journée avec le directeur. Avec le recul, j'ai vraiment eu le sentiment qu'il me « vendait » son poste. Un peu comme si mon acceptation conditionnait la date de son départ…. Etrange…

Autre signe bizarre qui venait s'ajouter à l'accueil météorologique, ma moitié était malade; gros rhum carabiné le matin en se réveillant. Quoi de plus normal me direz-vous ? Ça arrive ! Oui bien sûr, sauf pour quelqu'un que je n'avais jamais vue tomber malade auparavant, et qui a été guérie, comme par enchantement, dès que nous avons repris la voiture pour rentrer chez nous… Bizarre, bizarre, vous avez dit bizarre ?

Enfin, et pour finir sur les étrangetés de ce « séjour » : le directeur nous a emmené dans un restaurant étoilé de la région. Un peu beaucoup pour l'accueil d'un simple directeur remplaçant. Vraiment, grosse entreprise de séduction…

Sur le chemin du retour, il fallait discuter de notre décision, et le faire vite, parce que mon directeur des opérations attendait mon appel.
Nous sommes rapidement tombés d'accord avec mon épouse, que nous n'allions pas partir à 400 kilomètres de Montpellier, loin de la mer, de ma fille et du soleil.

Quelques minutes plus tard, j'appelais mon responsable pour lui dire exactement ce qui suit : « L'hôtel et le poste sont très intéressants, mais je vais décliner l'offre pour plusieurs raisons. Nous n'avons pas été séduits par la région, c'est trop loin de la mer et des spots de kitesurf, et trop loin de ma fille ».
Il m'a répondu qu'il n'allait retenir que le dernier argument, les autres n'étant pas recevables aux yeux de la société Accor !

Ce que je ne savais pas encore à l'époque, mais que j'allais très vite apprendre, c'est que dans ce genre de grosse boîte, on ne refuse pas sa première direction. On l'accepte sans discuter quoi que ce soit. Décidez pour moi messeigneurs, je m'exécuterai…

Sauf que je ne fonctionne pas comme ça.

Quand j'ai décidé de partir vivre dans le Sud, après l'armée, je suis parti et j'ai cherché du boulot après. Si je décide pour ma vie, seule mon épouse peut interférer dans mon choix, parce que nous formons un couple et une famille. Mais mon entreprise, non ! Ce n'est pas ma façon de voir les choses.
Seulement je m'adressais à un monsieur qui habitait du côté de Sète, venait de faire construire avant de se voir attribuer un nouveau secteur, alors que les peintures de sa maison n'étaient pas sèches : le Nord de la France ! Bien entendu, il y est parti, et je suis certain qu'il a dit merci en plus... Chacun ses choix, tout est juste WoW !

Les mois qui ont suivi n'ont pas été terribles. Je n'avais pas encore acquis assez de clairvoyance pour être lucide de ce qui se passait; je ne faisais que ressentir un malaise grandissant, mélangé à un sentiment très fort de ne servir à rien, l'adjointe titulaire ayant repris du service après sa maternité.

Peu de temps après notre installation dans notre nouvelle maison, un couple d'amis est passé nous rendre visite. Au cours de la soirée, mon envie d'aller travailler le lendemain s'est effritée jusqu'à devenir poussière... Pour la première fois de ma vie de manager, j'allais prendre une décision capitale pour la suite de ma carrière : je n'irai pas travailler le lendemain, pour cause de dépression !

Tout était aligné pour que je puisse prétendre à être dépressif : pas de poste de directeur, un métier stressant, beaucoup d'heures, etc... Aux yeux du médecin c'était une évidence, et c'est même lui qui me trouvait de nouveaux arguments.

Je suis resté en arrêt pendant 4 mois environ. Des mois vraiment difficiles, parce que même si, de l'extérieur, on aurait pu croire que pour moi c'était l'idéal (je me suis mis en arrêt au début de l'été), de mon côté je vivais une angoisse phénoménale. Qu'est-ce que j'allais bien pouvoir faire de ma vie. Je savais très bien que je ne pourrais pas reprendre là où j'étais avant.

Et bien entendu, j'étais incapable de travailler le moment présent...

Pendant cette période, avec mon épouse, nous avons imaginé monter un commerce ambulant de jus de fruits mixés, que nous vendrions sur les marchés. Nous avions pas mal avancé, mais au fur et à mesure que les journées devenaient moins chaudes, nous nous sommes posés de sérieuses questions sur la viabilité de notre affaire en plein hiver…

C'est un matin de septembre, alors que je travaillais sur les prévisionnels de notre affaire, que mon téléphone a sonné : c'était mon ancien directeur de Toulouse, muté depuis à la Grande Motte, qui, déjà une année plus tôt, avait largement appuyé ma candidature pour le poste de Montpellier. Il avait appris que j'étais en arrêt, et me proposait d'appeler le directeur régional de l'Ibis de Nîmes, parce qu'il cherchait un directeur.

Quelques semaines plus tard, j'acceptais mon poste de directeur à Nîmes.

Ça aura été une étape dans notre vie de couple. En nous rencontrant, nous avons choisi de vivre ensemble, de profiter de ce que la vie avait à nous offrir. Ma future épouse n'était pas carriériste le moins du monde, mais pour ma part, j'avais toujours ce besoin de « devenir quelqu'un », et de réussir ma carrière professionnelle.

Je me souviens, qu'après que j'aie accepté le poste, nous avons fait une ballade sur le chemin des Capitelles, juste à côté de chez nous, et que nous avions eu une longue discussion, un peu comme si nous allions nous séparer. Je n'avais, à ce moment-là, aucune idée de ce que l'avenir me réservait au niveau rythme de travail dans ce nouveau job. Je savais juste qu'un directeur d'hôtel avec restaurant, de l'ampleur de l'établissement que je prenais, ça faisait des heures, et que nos soirées, et nos week-end, il aillait falloir les mettre un peu entre parenthèses.

Et puis j'ai démarré mon nouveau poste, en ayant cette discussion constamment en tête, sans pour autant, avoir le stress au ventre parce que je devais rester tard, ou travailler le week-end.
Non. Mais quand je fais le bilan, je m'en suis bien sorti. J'ai rapidement pu mettre en place ma façon de travailler, on m'a fait confiance, et j'ai fait en sorte que tout aille pour le mieux pour tout le monde.

J'ai commencé réellement à entrevoir ce qui était important pour moi dans ma vie, un peu moins d'un an après avoir été embauché.
Entre temps, au printemps de cette année-là, nous avions officialisé notre union par un mariage fort réussi, teinté de beaucoup de joie, d'amour et de partages.

Notre maison était située dans un village à mi-chemin entre Nîmes et Montpellier. J'étais environ à 30 - 40 minutes de mon boulot.

Un jour de Septembre, alors que j'étais dans mon hôtel à Nîmes, la météo nous préparait ce que j'appris plus tard s'appeler un « épisode cévenole ». C'est-à-dire, pour résumer et être bref, lors de ces épisodes, c'est un peu comme si le ciel vous tombait sur la tête : énormément de pluies très localisées. Nîmes et sa région portent malheureusement de tristes traces de ces dégradations météorologiques.

Ce jour-là, en début d'après-midi, il pleuvait de plus en plus fort, et la dégradation arrivait de l'ouest, de Montpellier et donc de chez nous, par rapport à Nîmes.

Mon épouse m'appelle pour me dire que l'eau monte dans la partie gravillonnée du terrain où nous garions les voitures, et qu'elle menace de rentrer dans le garage qui nous servait de grenier, donc rempli d'affaires en tous genres; cartons, vêtements, etc.

Je réfléchis à peu près deux secondes avant d'avertir mon équipe qu'il y a urgence chez moi et que je fonce acheter des sacs de sable pour colmater au mieux. Enfin, quand je dis « je fonce », c'est un bien grand mot, à l'époque, nous avions investi dans un vieux 4X4, qui ne supportait pas bien de dépasser les 100 km/h.
Je passe donc au magasin de matériaux proche de l'hôtel, et, mon coffre rempli de 10 gros sacs de sable, je me dirige au plus vite vers la maison.

Une fois rendu sur place, je constatais que le niveau de l'eau n'était qu'à un ou deux centimètres du bord du garage. A quelques minutes près, nous aurions été inondés.

Je barricade, et je rentre dans la maison.

A ce moment-là, je n'ai qu'une envie : rester chez moi avec mon épouse pour la protéger, et être avec elle en cas de gros soucis. Loin de moi l'envie de repartir à l'hôtel.
Oui mais voilà, je suis responsable, je suis directeur, et je me dois de tenir aussi ce navire-là.
Alors, la mort dans l'âme je reprends le Mitsubishi pour regagner mon poste à Nîmes.

Je ne sais pas trop comment vous décrire la route du retour...
Plus j'avançais, plus le ciel devenait menaçant, gris, noir, sombre, effrayant... J'avais de moins en moins de visibilité, la pluie tombait lourdement, il était aux alentours de 16h00, et j'avais l'impression qu'il faisait déjà nuit.
A ce moment, à quelques kilomètres de mon boulot, j'ai réalisé que mon épouse et moi allions être séparés, alors que le temps était vraiment horrible.
Entre l'hésitation de repartir de la maison, le temps plus que beurk et cette nouvelle pensée, j'ai d'un seul coup pris la décision de faire demi tour. Tant pis pour ce qui allait bien pouvoir se passer à l'hôtel, pour moi l'important c'était mon épouse, ma moitié.

Quand je suis arrivé à la maison, j'ai attendu de voir comment la météo allait évoluer.

A un moment, j'ai allumé l'ordinateur pour regarder l'évolution des prévisions météos. Je me suis assis à mon bureau et j'ai cliqué sur le site de Météo France. C'est exactement à ce moment-là que j'ai entendu une énorme explosion et qu'une espèce de Z de feu a jailli derrière l'ordinateur. Puis plus rien... Plus d'électricité, PC éteint...

En faisant le tour de la maison pour essayer de comprendre ce qui s'était passé, j'ai vu que le compteur électrique avait littéralement explosé; des composants avaient traversé la pièce dans lequel il était. En sortant, j'ai remarqué des morceaux de pierres sur le capot de la voiture. En levant les yeux, j'ai vu qu'il y avait un trou, gros comme un melon dans la façade. Et j'ai compris ce qu'il venait d'arriver : nous avions pris la foudre !
Elle était passée par un poteau électrique proche de la maison, était remontée par le réseau, avait tout explosé sur son passage, y compris un bout de mur de façade, en ressortant par le câble de la parabole qui était coincé dedans.

WoW !

Evidement réseau téléphonique HS, internet HS, ordinateur HS (en le démontant un peu plus tard, j'ai découvert un trou de la taille d'un ongle dans le processeur), la plupart des appareils électriques branchés au moment de l'impact étaient bons à jeter à la poubelle.

A partir de là il n'y avait rien d'autre à faire qu'à attendre que quelqu'un passe dans la rue de notre petit village pour essayer d'appeler au secours.

Je ne sais pas pourquoi (ou plutôt, si aujourd'hui je sais, mais pas à l'époque) j'ai eu l'idée, à un moment donné, de vérifier les combles en soulevant la trappe au plafond dans les WC. Et là, j'ai vu de la lumière dans les combles. Après m'être brièvement dit que c'était complètement stupide d'avoir mis une ampoule à cet endroit-là, et avoir réalisé dans la foulée que ce n'était pas normal qu'elle soit allumée, parce qu'il n'y avait plus d'électricité, je me suis rendu compte que la soi-disant ampoule était en fait une flamme : nous avions un départ de feu électrique dans les combles, sur l'isolant posé au sol.
Je ne crois pas avoir déjà couru aussi vite de toute ma vie en direction de chez le voisin pour lui emprunter un extincteur, que fort heureusement il avait en magasin.
Une fois le départ de feu maîtrisé, je vous laisse imaginer comment, pour moi, il n'était plus du tout question un seul instant de retourner à l'hôtel. La seule chose qui comptait était de protéger ma femme, gérer les soucis que nous avions et faire tout ce qui était en mon pouvoir pour que ça se passe le mieux possible.

Le problème c'est que plus de dix ans plus tard, j'écris ça comme si, pour moi, à ce moment-là, c'était OK à 100%. Mais c'est faux ! A ce moment-là, bien que très clair dans ma tête quant à ce que je veux et ce que je ne veux pas pour mon épouse et moi, quant à mes priorités personnelles, je suis déchiré entre ma situation personnelle et professionnelle.

D'ailleurs, ça ne loupe pas; lorsque je retourne au travail, mon directeur régional me demande des explications. Il me dit qu'il n'a pas compris que je quitte le navire, que je ne reste pas à l'hôtel pour gérer la situation.

Et moi, pendant qu'il me parle, bien que j'aie peur des conséquences pour ma carrière, je reste très clair dans mes convictions profondes : si c'était à refaire, je referais exactement pareil. Priorité à mes proches, le travail est secondaire.

Pour la première fois de ma vie, dans une situation me confrontant à un choix drastique entre le professionnel et le personnel, je reste sur mes positions, je suis certain d'avoir fait le bon choix pour moi, pour ma femme, pour ma vie. Un travail ne peut pas être plus important que la vie de ceux qui nous sont chers.

Impossible !

Et même si ça avait été mon hôtel, dont j'aurais été propriétaire, je n'aurais pas réagi différemment.

Peu de temps après, comme j'avais laissé une grosse interrogation dans l'esprit de mon boss, il a redemandé à me voir pour discuter. A ce moment-là, il m'a exprimé sa vision de l'entreprise, sa vision du directeur d'hôtel que j'étais. Et il m'a dit un truc qui a peut-être été le tournant de ma carrière :

« Tu dois vouloir prendre mon poste, ça doit être ton objectif » !
Sauf que je n'avais pas du tout envie d'avoir son poste. Je voyais ce qu'il faisait, en quoi consistait son boulot, et ça ne me tentait pas le moins du monde.
Donc je le lui ai dit ! Tout en lui expliquant que ce n'était pas pour ça que je ne serais pas performant dans mon poste de directeur, mais que non, ça n'était pas une motivation pour moi que de viser son fauteuil.

Il avait fait un transfert de sa vision des choses sur moi. Mais nous sommes tous différents, et c'est ainsi. Bien que tous reliés, tous différents, et nous avons tous une vision des évènements qui nous appartient.

Je ne suis pas lui et il n'est pas moi.

Lui donnerait sa vie pour son patron et son entreprise, moi non. Est-ce que ça fait de lui un bon professionnel et de moi un mauvais ?
Non, bien sûr que non!

Ce qui est drôle, c'est que je suis persuadé qu'au fond de lui, il savait que j'avais raison dans mes agissements, et que même, peut-être, il aurait aimé être comme moi. Mais ce n'est pas lui dans cette vie-là, ou, du moins, dans cette période-là.

La formation pointe le bout de son nez.

Très rapidement après avoir pris mes fonctions de directeur, et une fois mes marques prises, j'ai réalisé qu'il était compliqué d'envoyer mes collaborateurs participer à des sessions de formations obligatoires. Ces formations expliquaient la marque, la chaîne, les points clefs, etc, aux jeunes employés des hôtels Ibis.

Face à ces difficultés d'inscrire mes employés à ces formations obligatoires, j'ai proposé à la chaîne d'organiser des sessions pour mes collaborateurs et pour ceux des hôtels proches du mien.

Et c'est comme ça que j'ai mis le doigt dans l'engrenage de la formation, ce qui m'amènera quelques années plus tard à, entre autres, écrire ce livre.

A partir de là, ce sont, une nouvelle fois, des signes que je n'ai pas su voir à l'époque, qui m'ont indiqué que j'étais sur la bonne voie : mon patron m'a demandé, en plus de ces formations obligatoires, de développer des formations de vente et de management pour les collaborateurs de notre groupe. J'ai commencé à écrire mes premières formations.

Ne pas louper le train

En parallèle de tout ça, mon épouse se forme au massage bien-être, et au massage assis.
Après avoir travaillé en hôtellerie pour gagner quelques sous, depuis notre rencontre, elle a admis que ce n'était pas le boulot qui la faisait rêver.

Lors d'une formation, elle se lie d'amitié avec une femme, qu'elle invite un jour à la maison avec son conjoint, musicien.

Alors que nous sommes en train de discuter de tout et de rien en terrasse, en avalant je ne sais plus quel breuvage plus ou moins alcoolisé, nos conversations se divisent entre les filles d'un côté et les garçons de l'autre. Nous discutons musique, pendant qu'elles discutent de Reiki.

Comment je le sais ?

Parce qu'à ce moment-là, j'ai une oreille qui traîne. Je n'ai aucune idée de ce qu'est le Reiki, mais ça m'intrigue. Je surveille donc ce qui se dit pendant que j'explique à mon nouvel ami que j'aimerais finir, un jour, par savoir jouer de la guitare. De ce côté, à l'heure à laquelle j'écris ce livre, si bien des choses ont évolué dans ma vie, le côté « gratouille » est toujours en stand-by.

Et là, c'est ce que j'appelle « monter dans le train quand il s'arrête quelques secondes » ou pas. Monter au bon moment, savoir saisir l'occasion, sans vraiment savoir dans quelle direction il part.
Juste sentir au fond de soi que quelque chose est en train de se dessiner, et qu'il est important d'être présent.

Aujourd'hui, je dirais, suivre son intuition.

La conversation sur le Reiki a évolué, et mon épouse est en train de s'inscrire à une formation pour apprendre à maîtriser cette technique de soins.

A cet instant précis, je m'interromps dans mes histoires de guitare, me tourne vers elles, et dis : « Je peux participer à la formation aussi ? »

Vous savez quoi ?

Pour moi, c'est comme quand on arrive à un croisement et qu'on choisit un embranchement ou un autre. En fonction de ce que vous décidez, la suite n'est pas du tout la même. La suite de l'histoire ne s'écrit pas pareille que vous preniez à gauche, à droite ou que vous alliez tout droit.
Ce jour-là, je ne sais pas quel chemin j'ai pris, je sais juste que j'ai suivi mon intuition qui me disait d'y aller, qu'il fallait que, moi aussi, je suive cette formation.

Quelques semaines plus tard, je me retrouvais avec mon épouse et une ou deux autres personnes, chez notre nouvelle amie, à participer à une formation pour passer les premiers niveaux du Reiki. Franchement, je me suis vraiment demandé ce qui m'avait pris de faire ça, pourquoi je n'avais pas laissé mon épouse le faire seule ? Pourquoi je n'étais pas parti faire une session de kitesurf ? Pourquoi ? Pourquoi ?

Aujourd'hui, je sais que si je n'avais pas participé, l'histoire n'aurait certainement pas été la même. Nos chemins n'auraient pas été aussi semblables.

J'ai découvert la méditation au cours de ce week-end. De longues méditations, très intenses. J'ai beaucoup aimé. Et j'ai appris à me servir de mes mains pour faire du bien, pour soigner, pour faire passer l'énergie.

Il me revient une anecdote liée à ce week-end de formation au Reiki.

Notre amie, maître Reiki, et formatrice, nous avait conseillé de rester tranquille le soir-même, entre les deux jours d'enseignement, de ne pas voir de monde, de ne pas boire d'alcool, bref de rester dans l'énergie de la zénitude.
N'ayant pas été prévenus avant ce jour, nous avions déjà prévu une soirée avec un couple d'amis. Ils étaient très sympathiques et très différents aussi; lui était plutôt du style à ne pas dire grand chose, et elle par contre, comblait largement le déficit de parole de son homme. Comme à l'accoutumée, je m'occupais du barbecue. Heureusement, parce que du coup, j'ai pu focaliser sur le feu. Sauf que ce soir-là, je suis comme parti en transe en regardant la danse que faisaient les braises incandescentes. J'avais respecté les conseils de notre amie formatrice et n'avais pas bu une goutte d'alcool, encore moins fumé quoique ce soit,

et je me retrouvais dans un état planant que je n'avais jamais connu auparavant. Je découvrais, sans le savoir, les joies de la méditation et de la pleine conscience.

Juste WoW !

Cette formation en Reiki a été pour moi le point de départ d'un nouveau regard sur autre chose que tout ce que j'avais connu jusque-là. J'ai découvert l'énergétique, les esprits, les anges, les pierres, la méditation, etc.

Bref, j'ai découvert un nouvel univers jusqu'alors inconnu pour moi…

Couper le cordon

Pendant ce temps, je gardais une relation particulière avec ma mère. Je ne m'en rendais absolument pas compte, mais dès que je devais prendre une décision importante, je l'appelais, dès que j'avais une question, je l'appelais, tous les samedis après-midi, je lui téléphonais pendant une à deux heures.

J'avais bien gardé en tête la lettre de ma copine qui avait refusé de me suivre en Calédonie, me conseillant d'abord de régler mes problèmes avec ma mère, mais je ne réalisais pas où en était la situation.

C'est à ce moment-là que mon épouse a pris le risque de m'ouvrir les yeux sur ma relation avec ma mère. Notre couple devait déjà être pas mal soudé, parce que si l'idée qu'elle essayait de m'embrouiller avec ma mère m'a effleuré l'esprit, elle n'y est jamais véritablement entrée.

Intuitivement, je savais qu'elle avait raison.

Je ne savais pas comment j'allais régler la situation, mais j'allais devoir la régler.

Ma mère se permettait des remarques inacceptables et intolérables, comme lorsque je lui ai annoncé la grossesse de mon épouse pour notre premier garçon. Elle m'a répondu : « Ah ben, ça devait bien arriver, ça ! ».

L'idée de mettre les points sur les « i » avec ma mère m'effrayait encore, alors que j'avais 36 ans, et que j'allais être père pour la seconde fois.

Le père de mon épouse était malade; cancer de la gorge, avec récidive depuis pas mal d'années.
Un jour, nous sommes à la maison, et nous discutons de lui et de la symbolique que représente sa maladie. Ma femme m'explique qu'il n'a jamais su dire clairement ce qu'il pensait à sa mère. A un peu moins de 60 ans, il est toujours dans une situation... proche de la mienne.

La prise de conscience me fait l'effet d'un électrochoc ! Développer une maladie, un cancer parce qu'on n'a pas su dire à quelqu'un ce qu'on avait sur le coeur ? Non ?! Etait-ce vraiment possible ? En tout cas, ça me semblait complètement plausible.

Je suis convaincu, depuis pas mal d'années maintenant, que nous nous créons nos maladies : le « mal-a-dit » (déjà évoqué plus haut). Jacques Martel a écrit un ouvrage de référence sur le sujet : « Le grand dictionnaire des malaises et des maladies ».

Vous avez bien remarqué que nous étions inégaux face aux maladies : certaines personnes, en pleine forme physique, sportives, qui n'abusent de rien côté alimentation, alcool, etc. partent, en un clin d'oeil, à 40 ans, alors que d'autres, après avoir abusé pendant toute leur vie, s'éteignent bien plus tard que ça. Il y a des gens qui fument toute leur vie sans être inquiétés, alors que d'autres, dits « fumeurs passifs » attrapent les pires maladies.

Notre état d'esprit, nos pensées, créent des maladies. Tout a un sens : un simple rhume, un mal de dos, des problèmes d'articulations, que sais-je encore. Encore faut-il se poser les bonnes questions pour pouvoir réagir.

Du temps où j'étais jeune manager à Paris, ultra stressé, ultra speed, lorsque je commençais à attraper un mal de gorge, il fallait que je me remette d'urgence sur pied. Il ne fallait surtout pas que je tombe malade. Impossible; déjà je ne supportais pas d'être malade, mais en plus il était hors de question que je loupe une seule journée de travail. C'était impensable pour un manager !

Pendant des années durant, le schéma des rhumes que j'attrapais à plusieurs reprises pendant les hivers était : mal de gorge, nez qui coule, puis, nez bouché, et enfin, sinusite. Et dans tous les cas de figure, je perdais le goût de ce que je mangeais et buvais, dès le début de la maladie.

Bien sûr je ne me posais pas plus de questions que ça sur le fait de perdre le goût. Pour moi, ça ne voulait rien dire d'autre que l'insipidité que ça entraînait quand je passais à table.

A chaque fois que je voyais un médecin, je lui faisais toujours la même demande : « Donnez-moi ce que vous avez de plus fort, mais remettez-moi sur pied le plus vite possible ». Et malgré toute la chimie possible, je mettais toujours une petite semaine à me rétablir.

Quelques années plus tard, j'ai enfin admis que si le corps devait s'exprimer à travers une maladie, on avait aussi vite fait de lui laisser le loisir de le faire. Vouloir aller contre la nature ne changeait rien au problème.

Dans les maladies de l'hiver, la gastro-entérite illustre bien cet état de fait. Notre corps rejette par tous les moyens possibles (je ne rentrerai pas dans les détails, vous savez de quoi je veux parler…) tout ce que vous lui proposez à manger et à boire. Il a besoin de se nettoyer, de se libérer de tout, le virus s'alimentant de tout ce qu'on lui donne.

Un hiver, alors que j'étais en saison à Saint Lary Soulan, dans les Hautes Pyrénées, j'en ai attrapé une assez sévère. Après avoir été copieusement malade toute une nuit, je suis allé consulter le seul médecin de la station. Quand il m'a vu, il m'a dit simplement : « Ça y est, vous êtes vide ? Bon, ben, voilà, il n'y a plus rien à faire, le virus va mourir de lui-même. C'est la seule chose à faire, face à cette maladie ».

Alors à quoi bon prendre des anti-vomitifs, des anti-maux de ci ou de ça, puisque le corps a besoin à ce moment-là de faire ce qu'il a à faire ? Soit on lui donne l'opportunité de se libérer à sa manière, même si c'est désagréable à vivre (c'est peu dire), et la maladie part d'elle-même, soit on cherche coûte que coûte à lui faire digérer ce qu'il n'a pas envie de digérer, et on s'expose à être encore bien plus mal qu'on ne l'est.

Nous vivons dans une société où tout va tellement vite que nous ne nous autorisons même plus à être malade. Mon corps cherche à se nettoyer, mais il ne faut pas; pas le temps, pas le moment…

Avant de prendre un médicament, j'ai aujourd'hui toujours une réflexion : « Est-ce que je peux m'en passer ? Est-ce qu'il va me faire du bien ? ». Après, en fonction de la réponse, je le prends ou pas. Mais bien souvent, je n'en prends pas, parce que je sais qu'il me soignera la conséquence de ma douleur, mais pas la cause, et que du coup, ça ne sert à rien.

J'ai, par exemple, régulièrement des maux de tête dus au pincement d'une cervicale. Rien d'autre que les soins énergétiques de mon petit dernier de trois ans ne peut me faire passer ces douleurs aiguës. Avant que je ne découvre que mon fils pouvait me soulager, pendant des années, j'ai vécu avec ce mal de tête, parce que je savais très bien qu'aucun cachet ne le ferait disparaître.

Alors à quoi bon me droguer ?

Du coup, ça fait maintenant un petit bout de temps que je soigne mes rhumes hivernaux par des méthodes naturelles, respectueuses de mon corps et de ce qu'il cherche à m'exprimer. Je ne prends plus qu'exceptionnellement des médicaments chimiques, me soigne avec des huiles essentielles, et... je modifie radicalement mon alimentation pour ne pas encombrer encore plus mon corps.

Et ça fonctionne.

Là où, avant, j'avais besoin d'une semaine pour me remettre d'aplomb, aujourd'hui, en 3 jours, je suis de nouveau sur pied. Mais je dois vraiment, pour ça, respecter ce que me dit mon corps.

Franchement, essayez, c'est magique. Enfin, non, ça n'a rien de magique, en fait, c'est juste naturel.

Par contre, si, comme moi au début, vous êtes un(e) habitué(e) des médicaments chimiques et que votre corps est intoxiqué par toutes ces années de traitements médicamenteux, il lui faudra un petit moment (la durée dépend de chacun de nous) pour se déshabituer et réagir de nouveaux à des choses naturelles.

Donc, au moment où mon épouse m'a parlé de l'histoire de son père, j'ai fait une projection sur moi, et j'ai su qu'il fallait que je fasse quelque chose. Il fallait que j'arrête l'engrenage dans lequel j'étais pris avec ma maman. J'étais tout-à-fait conscient de ce que les relations mère-fils avaient régulièrement des côtés toxiques, mais je ne m'étais jamais pris en main pour réagir.

Alors, je me suis mis sur mon ordinateur, et j'ai écrit une lettre de huit ou dix pages, à ma mère. Je lui ai dit tout ce que j'avais sur le coeur, ce qui ne m'allait pas dans sa façon de se comporter avec moi, que je n'étais plus un enfant, etc, etc.
Je ne sais plus si je lui ai envoyé cette lettre par la poste ou par mail, mais bien entendu, je n'étais pas très à l'aise après l'avoir envoyée. D'autant qu'après sa réception, ma mère ne m'a pas contacté...

Je savais exactement pourquoi elle ne décrochait pas son téléphone pour que nous échangions sur le sujet, pour que nous mettions les choses au point. Le premier qui appellerait l'autre aurait « perdu »... Il se mettrait en position de faiblesse et la suite de la relation s'en ressentirait.

Mais en fait, suite à ce courrier, nous n'avons pas vraiment eu de relation pendant près de deux ans, ma mère, après avoir omis de me contacter, a ensuite refusé le dialogue autour de ce courrier. En tout cas, pour elle, il n'y avait pas à en parler, tout était dit, rien de plus à ajouter.

Quelques mois plus tard, je devais accompagner ma fille à l'aéroport, où sa grand-mère venait la récupérer, pour l'emmener en vacances dans les Ardennes. Comme c'était la première fois que nous nous revoyions depuis LE courrier, je m'attendais à ce que nous en discutions.

Nous avons passé une heure ensemble avant que leur avion ne décolle.
Une heure de relation hypocrite, à parler de la pluie et du beau temps, chacun sachant très bien ce que l'autre attendait, tout en restant à sa place, sans faire le premier pas. Eh oui, je viens aussi d'un milieu familial ou on tait les problèmes, on n'en parle pas. On met un couvercle dessus en espérant qu'il ne se soulève jamais.

Alors, juste avant de se dire au revoir, je lui ai glissé : « Tu as eu ma lettre ? ». Devant sa réponse affirmative, je lui ai répondu que j'étais étonné qu'elle n'en parle pas.
Elle m'a alors répondu : « Il n'y a rien à discuter, tu as été très clair... ».

Suite à ça, nous avons eu une rupture des relations pendant plus de trois années. Pour moi rien n'était réglé. Ce n'était pas une absence totale de relation, juste une absence de relation vraie. Pendant un moment, il y a eu une vraie coupure, parce que je sentais que si elle avait lu mon courrier, elle n'en avait pas tenu compte, et c'était pour cette raison qu'elle avait refusé de discuter à propos de ce que je lui demandais.

Aujourd'hui je me rends compte que l'univers m'a envoyé le temps nécessaire à me laisser grandir, à me laisser m'épanouir en dehors de la relation toxique que j'avais avec elle, et de me rendre compte que j'étais capable d'être quelqu'un en dehors d'elle, de ses jugements et de ses avis sur ma vie.

Et puis les rapports ont repris : chacun à sa place, à plus 700 kilomètres, j'avoue que ça aide !

C'est réellement mon travail du Festen qui a fini de m'aider à passer le cap de cette relation. A ne plus être touché par son avis ou son absence.

Aujourd'hui, ma maman m'aime à sa façon; elle n'a pas appris à faire autrement. Elle est concentrée sur sa vie, c'est la seule chose qui compte pour elle.
Et même si elle ne s'inquiète jamais de ce que je fais, même si elle est très absente de notre vie, et ne connait pour ainsi dire pas ses petits-enfants, je sais que si je disparaissais demain, elle en serait fort malheureuse.

Soit rassurée Maman, je t'aime pour ce que tu es, pour ce que tu m'as offert et donné dans ma vie, même si j'ai beaucoup souffert, je sais aujourd'hui que tu as fait ce que tu as pu, que tu as fait ce qu'il était juste de faire pour toi.

A ma connaissance, tu n'as pas eu une enfance très heureuse : une famille plutôt démunie financièrement et mon grand-père qui avait une certaine tendance à boire sa paye.

Ceci explique très certainement que tu aies beaucoup mis l'accent sur l'avenir que tu souhaitais pour moi. Tu es restée « coincée » au bonheur et au bien-être lié au matériel, à la carrière, à l'image qu'on renvoie aux autres.

Je sais aujourd'hui que je devais vivre cette vie-là, cette enfance-là, pour en arriver là où j'en suis aujourd'hui. Merci d'avoir tenu et joué ce rôle pas évident. Nous avions passé un contrat avant de nous incarner dans cette vie-là et tu as tenu tes engagements. Le principal c'est que nous soyons tous heureux et épanouis là où nous en sommes aujourd'hui, chacun de notre côté, même si parfois nous ne nous comprenons pas vraiment.

Car, oui, il est parfaitement possible d'aimer quelqu'un qui ne pense pas tout-à-fait comme nous, quelqu'un qui voit la vie autrement.
Le principal, c'est que chacun respecte l'autre, dans ce qu'il est, dans le chemin qu'il a parcouru jusque-là, sans vouloir lui dicter ce qui est bon et juste pour lui.

C'est une des raisons pour lesquelles je m'efforce de ne pas employer les mots « il faut, vous devez, il est interdit » lorsque je forme, j'accompagne ou je coache. Parce que tout est juste, tout est WoW !

Chacun doit faire les expériences qui sont bonnes et justes pour lui dans sa vie.

Changement de voie ?

Notre fils aîné est arrivé en 2006. Révolution à la maison, bien que ma fille nous rejoigne tous les quinze jours en week-end, cette fois-ci nous sommes définitivement trois.

Je ne vois rien de bien marquant jusqu'à cette journée où nous faisons la connaissance d'un couple, lui thérapeute, professeur de yoga. Ils nous parlent de la loi de l'attraction. Nous adorons cette nouvelle découverte et allons même, sans avoir vraiment compris, ni son sens ni son réel fonctionnement, jusqu'à engager l'achat d'une maison, sans avoir un sou, tout en sachant que les banques ne nous suivraient pas, persuadés que nous étions que la loi de l'attraction ferait le reste !

Nous avions, à l'époque interprétés la Loi de l'attraction à notre façon. Le « demandez et vous recevrez », nous l'avions compris comme ça nous arrangeait : rien d'autre à faire que de demander de gagner au loto, l'univers se chargerait de nous faire sortir les 6 bons numéros.

Sauf que pour que ça fonctionne, il fallait au moins jouer !

C'est typiquement la blague du fidèle qui n'arrête pas de demander à Dieu de le faire gagner à la loterie, et qui après plusieurs années, s'entend dire par le Divin : « Achète au moins un ticket » !

Une des choses importantes que j'ai intégrées ces dernières années, c'est que pour que les choses fonctionnent, pour que l'univers se mette en marche pour nous offrir ce que nous lui demandions, il fallait faire une chose primordiale : se mettre en action.

Pour moi, il est impossible d'obtenir quoi que ce soit sans se mettre en marche, en action.

Je l'ai vérifié à maintes reprises et je le vérifie encore aujourd'hui : il faut poser une première pierre pour que l'univers vous aide à finir la maison.

Ce que je trouve drôle, c'est que dans mon cas, quand je me mets en action, et que je développe une partie de mes activités, ce n'est pas forcément l'activité sur laquelle je mets l'énergie qui se débloque. C'est une de mes activités qui se met en mouvement.

Quand je me suis mis à écrire ce livre, j'ai passé des journées et des nuits à écrire. Il fallait impérativement que mon bouquin soit terminé, et qu'il soit publié rapidement. Dans tous les cas, je ne pouvais le laisser mariner trop longtemps, parce que chaque relecture amenait mon mental à me dire que c'était vraiment nul ce que j'écrivais, et que ça n'intéresserait personne… Alors si je voulais avoir une chance de le publier un jour, il fallait que je le fasse vite.

Bref, je me suis mis à faire quelque chose qui n'allait pas être lucratif dans l'instant. Mais je faisais quelque chose malgré tout et l'univers me répondait.

J'avais l'intime conviction que mon avenir se trouvait dans la transmission, formation, écriture, coaching, conférence, et j'avais des demandes dans l'informatique ! On me demandait de réaliser des montages vidéos, de faire des tournages, de gérer des réseaux informatiques…

Pour moi, l'univers venait me dire que ce que je faisais était juste.

Quelques temps avant, je me serais dit : « Mince, je me suis encore planté de direction, il faut que je creuse du côté des nouvelles technologies, je n'ai rien à faire côté formation ».

Aujourd'hui je sais que non seulement mes différentes compétences me permettent de gagner ma vie, mais aussi que l'univers me permet de mettre en place des choses qui demandent un peu de temps, comme écrire un livre, en m'envoyant des contrats et des missions dans des domaines qui demandent moins de préparatifs.

Et pour que ça soit possible, je me suis mis en action.

C'est juste WoW !

Quelque temps plus tard, le couple qui nous a parlé de ce concept du Secret, nous présente à une médium qu'ils font venir dans mon hôtel pour y tenir un séminaire.

Ils arrivent un jour où je suis installé en terrasse avec une dizaine de stagiaires. Ils s'installent à une table derrière moi. Lorsque je me lève pour les saluer, ils me présentent à leur amie médium qui me parle de mon métier. Que c'est ma voie, que je suis là pour ça, etc... Je dois avoir un air hébété, et je lui demande de préciser de quel métier elle voulait parler. Elle m'indique les stagiaires, en me disant que c'est ce métier de formateur qui est ma vraie vocation. Elle ne comprend pas que je sois encore directeur d'hôtel.

A ce moment-là, la simple idée de lâcher mon travail d'hôtelier, et mon salaire, qui bien que pas forcément mirobolant, était correct, et surtout tombait tous les mois, me donne des frissons. Je clamais haut et fort à tous ceux qui voulaient bien l'entendre, en commençant par moi, qu'il était hors de question que je devienne entrepreneur à mon compte. Loin de moi l'idée de lâcher le salariat, même si la formation était vraiment mon « truc » et que je m'en rendais bien compte.

D'ailleurs j'en profite pour remercier toutes celles et tous ceux qui m'ont aidé à l'époque à m'ouvrir sur ma vraie vocation, tous les stagiaires qui m'ont envoyé du positif et qui ont cru en moi. Eh oui, à l'époque, mon estime de moi était proche du néant. Quoi de plus logique vu mon enfance et mon vécu...
Mon épouse également a joué un rôle primordial dans mon évolution de « carrière »; c'est elle qui m'a rapidement fait prendre conscience que je n'étais pas dans la même énergie quand je rentrais après avoir animé une formation ou quand j'avais tenu mon rôle de directeur d'hôtel.

En gros, dans un cas, j'étais nourri, grandi, joyeux, alors que dans l'autre, j'étais en quelque sorte éteint.

Entre la révélation de cette médium et les retours des uns et des autres, l'idée faisait son chemin sans que je ne m'en rende réellement compte.

D'autant qu'à l'époque, dans mon job, je me vois offrir de chapeauter une ouverture d'hôtel en plus de mon poste à Nîmes, mon salaire augmente, je me retrouve un peu plus souvent sur la route tout en gardant l'avantage de pouvoir rentrer chez moi tous les soirs. Tout est OK pour moi, tout est juste WoW !

J'ai la chance de pouvoir exercer mon nouveau métier de formateur tout en restant directeur d'hôtel. Côté risque, c'est zéro ! Il n'y en a pas. Que je vende ou pas des formations, je suis payé.

En parallèle de la naissance de notre deuxième garçon en janvier 2010, mon travail continue à évoluer : je m'occupe de certains dossiers dans le rachat d'un hôtel sur Paris, puis je prends officiellement la direction de mon second hôtel quelques mois plus tard lorsque mon investisseur rachète un Ibis sur Alès.

Au passage, je prends conscience que je n'ai pas encore tout réglé dans ma relation avec ma mère. Quelques jours après avoir pris officiellement mon poste de directeur délégué sur mon second établissement, je l'appelle pour prendre de ses nouvelles et lui raconter mon nouveau job.
Quelque part, je suis fier, parce que si être directeur d'un hôtel Ibis n'a rien de très valorisant, là je viens d'élargir mon champ d'action et mon poste évolue. Alors certainement qu'elle aussi, va enfin être fière de moi.

Pendant notre conversation, elle me parle d'elle, de son magasin, de ses soucis avec sa vendeuse, et puis, avant même que je n'aie eu le temps de me dire qu'elle allait me demander où j'en étais, elle me dit qu'elle doit me laisser parce qu'elle est très occupée.

Non, vraiment, je n'avais pas réglé grand-chose à l'époque, si ce n'est qu'elle ne se comportait plus comme une mère castratrice, elle ne me portait pas plus d'intérêt qu'avant.

Mais à ce moment précis, je ne savais pas encore qu'il était inutile de vouloir chercher à changer l'autre…

Côté professionnel, j'accède alors à une pseudo liberté supplémentaire, partageant mon temps entre mes deux hôtels.

Et pendant ce temps, je continue à donner quelques formations par-ci par-là.

Mais quelque chose n'est pas correct. Je ne sais pas vraiment quoi, mais je ne me sens pas en phase avec ce que je fais.
J'ai une soi-disant autonomie et liberté, mais elle n'est qu'illusoire.

Quand je décide de décrocher de bonne heure, je ne me sens pas à l'aise, j'angoisse d'un souci quelconque. Du coup, je me retrouve dans une situation de stress anormale.

Je fais de plus en plus de choses qui dépassent mon rôle de directeur délégué : avec mon père, nous programmons un logiciel de gestion des achats pour le groupe pour lequel je travaille, je me fais élire au poste de vice-président de l'office de tourisme de Nîmes, je monte un club hôtelier… Au sein de mon groupe, je gère la téléphonie, une partie de l'informatique, et bien entendu, je prends en charge tout le dossier des formations des collaborateurs du groupe.

C'est au moment où j'attendais d'être officialisé dans mon nouveau rôle de directeur régional « terrain » pour le groupe, que tout a basculé.

J'avais commencé à largement exprimer mon mal-être dans la société; poste, rémunération, reconnaissance… Je comprendrai bien plus tard que ce n'étaient que des prétextes pour ne pas voir qu'il fallait que je passe à autre chose.

Si vous avez acheté ce livre, ce n'est pas un hasard. Je ne sais pas exactement ce qui vous a amené à le faire, mais dites-vous que tout ce que j'y partage est là pour vous parler. Enfin, quand je dis tout ce n'est pas tout-à-fait exact. En fait, tout ce qui vous parle est là pour vous faire avancer. Mais ça ne veut pas dire que d'un lecteur à l'autre, ce seront les mêmes choses qui leur parleront.

Je voudrais mettre l'accent sur les « prétextes » que je viens d'évoquer.

Ne pas faire quelque chose, c'est à peu près simple et facile. Rester dans sa zone de confort, c'est, pardonnez-moi, confortable, même si parfois on sent bien que le costume est un peu étriqué.
Alors on se trouve toutes les raisons du monde pour ne pas faire, pour ne pas avancer, parce que sortir de sa zone de confort c'est angoissant, ça fait peur.

Dans les enseignements du Festen, il nous est dit à un moment donné : « Tout te dira de ne pas le faire, mais tu le feras quand même parce que tu sens que c'est juste pour toi » !

Je suis endetté, je n'ai pas vraiment développé de clientèle pour développer mes formations et voler de mes propres ailes... Je trouve toutes les excuses possibles et imaginables pour rester dans un confort de salarié, qui, je le sais bien, n'est plus confortable pour moi.
Toutes les raisons et excuses sont bonnes, mais il n'y a qu'une seule vérité : je devais faire autre chose de ma vie. La direction d'hôtel n'était plus ma voie, ce n'était plus ma mission, ni mon avenir sur cette terre.

J'aime beaucoup cette citation de Mark Twain : « Ils ne savaient pas que c'était impossible, alors ils l'ont fait ».

Il m'a fallu de l'audace, du courage pour y arriver, mais face à la non réaction de mes employeurs, j'ai vraiment pesé le pour et le contre. Je fais ça quand j'ai vraiment une grosse décision à prendre. Enfin, je devrais dire « je faisais » ça... Aujourd'hui je m'en remets à mon intuition.

Fin 2011, contre toute attente, mon patron m'a proposé, par l'intermédiaire de mon directeur régional, de prendre la direction d'un gros complexe hôtelier avec deux enseignes, qu'il était en train de construire au centre de Nîmes, à la gare. N'importe qui aurait été honoré de se voir confier un tel établissement, et devoir relever le challenge de le faire décoller, mais pas moi.

Pas moi, parce que dès mon entrée dans le groupe en 2004, ce projet était déjà d'actualité. Sauf que je m'étais rapidement rendu compte qu'il allait être très compliqué de remplir un hôtel supplémentaire dans cette ville qui en comptait déjà beaucoup trop.
Cet état de fait combiné à l'évolution de mon rôle au sein du groupe, ce qui paraissait comme étant un superbe cadeau était pour moi une preuve que je n'étais ni vu, ni reconnu à ma juste valeur. Sans compter qu'il m'était demandé de lâcher toutes mes activités annexes, y compris la formation.

J'ai donc pris ma décision pendant les fêtes de cette année-là : j'allais négocier une rupture conventionnelle, et quitter l'employeur pour qui je travaillais depuis presque 8 ans.

C'est ainsi que je me suis retrouvé « sans emploi », à la tête de ma société de formation iLaurea, quelques mois plus tard, soit mi-juillet 2012.

C'était parti pour une nouvelle aventure...

Ego

Au moment où j'ai quitté mon emploi, j'ai conservé bon nombre de mes activités passées : la vice-présidence de l'office du tourisme, la présidence du club hôtelier... Je n'ai pas réalisé de suite pourquoi.

En fait, pendant des années, j'avais été « Axel Crevaux, Directeur »...

Sans m'en rendre compte, j'étais en quelque sorte devenu mon poste. Aujourd'hui j'aime faire ce test avec mes stagiaires : je leur demande de se présenter. 99% d'entre eux se présentent en disant ce qu'ils font comme métier. Quand je leur demande de parler d'eux, ça devient plus compliqué, voir impossible pour certains. Pendant un temps, je leur demandais de parler de leur passion... Après avoir obtenu, à plusieurs reprises, des yeux ronds pleins de points d'interrogation, je suis passé à une question plus facile : « Parlez-nous de vos activités quand vous ne travaillez pas... » !

A peine quelques semaines après le grand saut vers l'indépendance, j'ai commencé à faire des insomnies en me demandant ce que j'allais devenir à la fin de ma période de chômage, soit près de 2 ans plus tard.
A l'époque, l'indemnité que je touchais était plutôt confortable et me permettait de lancer sereinement mon activité de consultant formateur à temps plein. Du côté de mon ancien employeur, étant resté en très bons termes, je gardais une partie de mes précédentes missions, notamment côté informatique. J'avais également signé avec un ex-fournisseur devenu du coup client : le contrat était juteux, puisqu'il s'agissait de réorganiser tout son fonctionnement informatique au sein de son entreprise, avec mise en place de logiciel, formations, etc...

Mais, malgré tout, j'avais très peur de l'avenir.

Je m'étais jeté dans le vide de l'entreprise individuelle et donc de l'indépendance. Après près de 20 ans à toucher à coup sûr un salaire chaque fin de mois, je me retrouvais à ne pas savoir si j'allais avoir suffisamment de clients tous les mois pour subvenir à mes besoins et à ceux de ma famille.

En parallèle de ça, j'étais resté en contact avec un directeur d'hôtel sur Nîmes qui m'avait mis en tête son projet de développer un festival autour du jeans à Nîmes. Le Denim étant soit-disant originaire de cette ville, il y avait moyen de monter un énorme projet dans cette ville animée par guère autre chose que la Féria, fête où on prend plaisir à massacrer de pauvres taureaux innocents. Oup's ça m'a échappé !

Le projet m'avait bien plu, et j'en avais parlé à la maman de mon épouse, qui avait été metteur en scène de spectacles historiques, notamment pour le Chateau de Versailles, quelques années auparavant.
Outre son côté artistique, elle avait apporté ses connaissances en terme d'organisation d'un tel évènement et d'équipe à mettre en place pour parvenir à monter un tel projet.

Un jour, lors d'une réunion avec l'auteur de l'idée, alors que nous échangions sur les postes à créer pour réaliser cet événement, elle lui annonça purement et simplement qu'il n'avait pas l'étoffe d'un directeur de festival, et qu'il fallait que ce soit moi qui occupe ce poste.

Personnellement, je m'étais engagé dans ce projet pour y apporter mes compétences en informatique et en communication, pas pour en prendre la direction. Le management m'avait animé pendant de longues années, je m'étais régalé à driver des équipes, mais il était temps pour moi de passer la main et d'expliquer aux autres comment il fallait faire.
Je n'avais pas non plus spécialement envie de faire ce que j'avais toujours refusé de faire en tant que directeur d'hôtel : sortir le soir dans le cadre de mon travail, participer à des dîners et cocktails, travailler le week-end et me retrouver en permanence en déplacement loin de ma famille. Car c'est ce qui attendait le responsable d'un évènement tournant autour de la mode !

Oui mais, on venait de me nommer « Directeur du Festival International du Denim ».

Juste WoW !

Mon ego n'en pouvait plus.

Non seulement, je devenais « quelqu'un », mais en plus j'allais gagner grassement ma vie. Exit les problèmes financiers qui étaient un peu mon quotidien depuis des années; la paie promise allait me faire rapidement oublier ça. Le jeu en valait quand même la chandelle, non ? Ça valait le coût de mettre de côté ce que j'avais toujours refusé de faire : gagner beaucoup d'argent en délaissant mes proches. En gros, ça se résume à ça.

Celui qui avait été directeur d'hôtel allait devenir directeur d'un Festival, dans un domaine artistique, que je ne connaissais pas, mais qui, quelque part, me fascinait. J'allais enfin être reconnu, j'allais côtoyer des grands noms de la mode, voire même des artistes, WoW !
Peut-être même que ma maman allait enfin s'intéresser à ce que je faisais. Eh oui, même si j'avais le sentiment d'avoir réglé mes soucis relationnels avec elle, je n'avais pas tout réglé non plus. Et sans me l'avouer, j'espérais qu'un jour, elle puisse s'intéresser à moi, à ce que je faisais...

Pendant les deux ans qu'a duré cette aventure, j'ai été aveugle.

Je n'ai rien vu : ni que je ne m'éclatais pas, ni que je m'éloignais de ma nature profonde, ni que tout ce qui m'intéressait, c'était de me présenter comme le premier directeur d'un festival qui, au final, n'aurait jamais lieu.
J'avais rassemblé une dizaine de bénévoles autour de moi. Chacun vivait comme il pouvait, l'un du chômage, l'autre de ses économies, et moi, en faisant durant ce temps, quelques formations par-ci par-là. En complément du chômage c'était à peu près OK.

Je m'entendais plutôt bien avec celui qui nous servait de commercial bien qu'il n'ait jamais rapporté le moindre centime à l'aventure !
Il était intéressé par la formation et nous avions co-animé quelques sessions. Ça s'était plutôt bien passé : il apportait le côté carré que je n'ai jamais eu, comme par exemple faire respecter les dix minutes de pause annoncées et ne pas les transformer en une demi-heure... Son expérience extra hôtelière apportait également un souffle nouveau, même si, il faut l'avouer, j'angoissais à chaque fois qu'il ouvrait la bouche. J'avais pourtant interrogé à l'époque des stagiaires que je connaissais bien; ils m'avaient tous dit qu'il était bien. Mais quand notre collaboration s'est arrêtée, ils m'ont tous avoué qu'ils n'avaient jamais compris ce que je faisais avec ce gars-là. Vous admettrez que les gens sont parfois bizarres, non ?

Sentant que le festival n'aboutirait pas, je lui avais proposé de développer ensemble ma société de formation : il commercialiserait les formations, nous en animerions certaines ensemble. Personnellement, ça me redonnait un certain élan; travailler seul n'est pas toujours facile.

Nous étions tombés d'accord.

Et puis, un jour de Juillet 2014, il m'appelle pour me demander s'il peut venir me voir au bureau pour « me parler ». J'ai toujours eu un sixième sens, quand les gens avec qui je travaillais voulaient « me parler » ! J'ai toujours senti que ce n'était pas pour m'annoncer une excellente nouvelle.

Cette fois-là n'a pas dérogé à la règle. Il s'est assis dans le bureau et m'a annoncé qu'il avait eu un entretien avec un courtier en assurance et qu'il repartait dans son métier qu'il avait quitté deux ans auparavant avant de rentrer comme commercial au festival : commercial en assurance-vie...

Je ne l'ai pas retenu. Je comprenais sa position, il avait préféré jouer la carte de la sécurité salariale plutôt que d'insister dans l'aventure du développement d'une société qui n'allait peut-être jamais décoller.

Comment aurais-je pu reprocher à quelqu'un d'avoir peur de la même chose que moi : manquer d'argent ?

En plus, bien que je sois beaucoup moins connecté à mon intuition à l'époque, je « sentais » au fond de moi que quelque chose clochait, que notre collaboration n'avait pas vraiment d'avenir. Mais il est parfois plus difficile de quitter que de se faire quitter.

C'est réellement sans aucune amertume que je lui ai serré la main en le raccompagnant.

Mon bureau était installé dans un studio au fond du jardin de la maison que nous louions. Après l'avoir raccompagné au portail, je n'y suis pas retourné. Je suis allé directement voir mon épouse, lui ai annoncé la nouvelle, un peu en version zombie, et lui ai proposé d'aller faire un tour à la plage avec les enfants.

Dans notre couple, ne me demandez pas pourquoi, mais quand nous sommes ensemble en voiture, c'est toujours moi qui prend le volant, que ce soit pour des longues ou courtes distances. Ce jour-là, j'ai demandé à ma moitié de conduire, ce qui l'a amené à me dévisager du coin de l'oeil; ce qui venait de se jouer était peut-être bien plus important que ce que je lui avais dit, et surtout que ce que j'avais réellement ressenti…

Mon corps était en train de s'exprimer.

Je ne l'avais pas vu venir, mais je me prenais la « démission » de mon collègue en pleine face.

Tout était en train de s'effondrer : le festival ne se ferait pas (j'en étais maintenant intimement persuadé), je me retrouvais seul à développer mon entreprise que j'avais un peu beaucoup abandonné, ayant fait le pari de cette aventure rocambolesque.

Ce que je n'avais pas réalisé durant ces deux années, c'est que mon départ de mon poste de directeur d'hôtel m'avait inconsciemment amené de devenir quelqu'un d'autre que « Axel = directeur ».
Je devenais MOI, Axel en tant qu'individu, pas en tant que le poste que j'occupais. Mais comme je n'avais jamais été MOI, ça me faisait extrêmement peur.

Imaginez, je passais de : « Bonjour, Axel Crevaux, directeur de… », à « Bonjour, Axel, juste Axel »…

Mais qui suis-je ? Personne. En tout cas, personne d'intéressant pour les autres. Rencontrer un « Directeur », ça c'était intéressant, mais rencontrer un « Axel »… Aucun intérêt. J'avais hérité ça de mon enfance, de la dévalorisation que j'avais emmagasiné toutes ces années.

Je me retrouvais donc perdu.

C'est pour cette raison que je m'étais accroché comme la misère sur le monde à mon poste de vice-président, à mon poste de président des hôteliers, à mon pseudo poste de directeur de festival. En procédant de la sorte, j'étais toujours quelqu'un aux yeux du monde et de la société. Je n'étais ni le petit formateur en devenir, ni le chômeur que j'étais réellement.

D'ailleurs à y repenser, tous les postes du type directeur, président, me faisaient des yeux.

Rappelez-vous que j'ai grandi dans une famille où il fallait « être quelqu'un ». Et ça, ça ne vous lâche pas comme ça si vous ne faîtes rien pour vous faire aider.

A aucun moment, je n'avais voulu m'avouer que le développement touristique de la ville de Nîmes ne me concernait plus, que les hôteliers pouvaient bien devenir ce qu'ils voulaient, que ce n'était plus mon problème et que le monde de la mode n'était vraiment pas mon univers.

Oui mais tous ces titres me faisaient être quelqu'un !

Mon ego et ma peur de disparaître étaient plus forts que tout le reste, et me menaient par le bout du nez.

Le départ de mon collègue a été la gifle déclencheur de toute la suite de l'histoire et de ce que je suis devenu aujourd'hui. Merci à toi de m'avoir abandonné ce fameux jour de juillet 2014, sans toi où en serais-je aujourd'hui ?

Dans le mur !

Les lignes qui suivent ont été extraites de mon journal de l'époque :

> *Une annulation de deux jours de formations en Septembre, un simple mail a tout déclenché, tout accéléré. La peur de la suite...*
>
> *C'est mon épouse qui m'a conseillé d'écrire. Au départ, pas pour tout, juste pour mes problèmes de rapport à la nourriture, mais ça m'a mis la puce à l'oreille, et j'ai trouvé intéressant d'écrire, tout simplement, ce que je ressentais; garder une trace de ce passage de ma vie.*
>
> *Oui j'ai peur, je peux difficilement le cacher.*
>
> *De quoi ?*
>
> *De ne pas réussir à gagner assez d'argent pour...*
> *Payer le loyer, les charges, etc...*
> *Sauf que la peur est créatrice, alors, non je n'ai pas peur !*
>
> *La période est difficile; ma femme m'aide. On parle beaucoup, mais je n'ai pas envie de l'emmerder avec mes états d'âmes.*
>
> *Je me suis mis à lire il y a peu. Un cadeau pour mon anniversaire, offert par ma maman : une liseuse électronique. Mon premier livre : « Le pouvoir du moment présent » d'Ekhart Tolle.*
>
> *Aujourd'hui, j'ai oscillé entre gros stress dans le ventre, et moments plus calmes, mais pas de réels moments de joie.*
> *Notre aîné est chez sa grand-mère, nous sommes avec les deux petits. Notre second est aux anges; il n'arrête pas. Parle tout le temps ;-))) Le petit dernier ne va pas tarder à marcher; il se lève tout seul, sans appui, et reste debout quelques longues secondes.*
>
> *Je dois faire confiance, je sais que j'ai les capacités d'y arriver.*

Mais j'ai du mal à me remettre de l'abandon de mon collègue commercial. Au final, est-ce vraiment un ami ? Il nous a largement berné pour le Festival du Denim, il ne m'a pas réellement prouvé grand-chose dans la vente des formations, et peu avant de quitter le navire, il m'a dit qu'il ressentait une forte pression sur ses épaules; celle de devoir vendre les formations. C'était pourtant son rôle dans notre répartition des tâches.

Mais c'est encore une épreuve qui m'a été envoyée. Sauf que depuis le 18 Juillet, je n'ai pas encore réussi à faire vraiment face à cet état de fait. Du coup, pas de patate, pas d'envie de bosser, comme si je laissais le bateau couler... Et pourtant ce n'est pas possible.

Aujourd'hui, nous sommes allés au centre commercial Odysseum, à Montpellier. J'ai ressenti un grand malaise dans ma relation avec les autres. Je ne me sens pas à l'aise, avec personne. Je pense qu'entre la perte d'un collègue, et la fin quasi annoncée du Festival, mon ego en prend un coup. J'ai du mal à me voir prendre mon bâton de pèlerin pour aller vendre mes prestations, vu que je ne me sens pas vraiment au top de moi-même. Et pourtant il va falloir...

Donc, au programme, lecture, méditation, hypnose (eh oui, en discutant avec un ami hier, ça m'a percuté !)... et puis, retrouver une hygiène de vie, une vraie : sport, sommeil, alimentation... Je me sens presque prêt à m'y remettre. Encore une fois ça aura été comme à chaque fois : je descends bien bas pour sentir que je me fais du mal. Alors je réagis ! J'ai fait ça pendant quasi 15 ans de clope : j'ai dû arrêter de fumer au mois 15 fois ! A chaque fois je replongeais à cause du pétard. Côté alimentaire, je replonge à chaque fois à cause d'une petite bière qui se transforme en grosses pintes... Du morceau de saucisson qui se transforme en saucisson entier, etc.
Aujourd'hui je ne me sens pas propre, pas en forme, j'ai mal à peu près partout, bref je déconne. A 44 balais, père de 4 enfants, il serait temps de réagir, et

de régler vraiment ce problème d'enfant intérieur, n'est-ce pas Petit Axel ??

Quelques jours plus tard…
Voilà c'est fait ! Une fois de plus, je suis monté crescendo aussi bien au niveau de la nourriture que de l'alcool. Hier soir s'est soldé par… trop d'apéro !!!
Ce matin, au réveil, la décision est prise : j'arrête tout ! Mais combien de temps vais-je tenir ? Est-ce que ça va encore faire comme les autres fois ? Extrême dans un sens, extrême dans l'autre.
Je vais le faire autrement; pas d'arrêt total de tout, sauf de la bière, produits de l'agroalimentaire, mayonnaise et autres.
Et surtout j'ai pris la décision d'aller voir un hypnothérapeute. J'ai besoin d'aide sur ce coup-là.

Quelques jours après le départ de mon collaborateur, j'annonçais à mon épouse que nous « allions dans le mur ». J'ai souvent raconté cette histoire à mes stagiaires, parce qu'elle représente réellement un grand tournant dans ma vie, et il est important de reprendre quasi mot pour mot notre discussion :

- Moi : Je viens de faire un peu le bilan des comptes et du business, et nous allons dans le mur.
- Elle : Que veux tu dire par là ?
- Moi : Ben, on n'a plus d'argent quoi ! Les comptes sont dans le rouge, je n'ai plus d'activité avec mon entreprise; nous allons dans le mur.
- Elle : Nous allons dans le mur ou nous y sommes ?
- Moi : Non, là c'est sérieux, je connais ton côté « optimiste en tout temps », mais là c'est du concret : la banque, les agios, les dettes, l'incapacité à payer le loyer, etc.

Il y a des fois où la suite d'une histoire tient à pas grand-chose. C'est le cas ici. Elle aurait très bien pu en rester là, et se plaindre avec moi de notre situation. Au lieu de ça, elle a fait ce qu'elle a l'art et la manière de faire, en très bonne coach qu'elle est; elle n'a pas lâché l'affaire, et est restée sur ses positions.

- Elle : J'insiste; est-ce que nous sommes déjà dans le mur ou est-ce que nous y allons ?

Idem de mon côté, à ce moment-là, j'aurais pu m'emporter, m'énerver, lui dire que j'en avais ras le bol de son manque de lucidité sur les choses concrètes de la vie. Que tout ne pouvait se situer au niveau du spirituel, de la méditation, du yoga, du manger sain ou de je ne sais quoi de déconnecté de la réalité de la vie de cette société dans laquelle nous évoluons, qu'on le veuille ou non. Et malheureusement, cette réalité n'était pas forcément toujours rose.

Mais il y a vraiment des fois dans l'existence où on écoute sa voix intérieure, où quelque chose ou quelqu'un nous souffle de suivre notre intuition, de sortir du cadre.

Au lieu de ça, je lui ai répondu la vérité : « Non, nous ne sommes pas encore dans le mur; nous sommes dans le rouge, mais pas de beaucoup. Par contre, je n'ai pas d'activité en prévision d'ici la fin du mois ».

C'est à ce moment là qu'elle m'a parlé de moment présent, de pleine conscience.

J'en avais plus ou moins entendu parlé, mais ma vie au cours de ces dernières années n'était pas vraiment synonyme de toutes ces choses-là.

Elle m'a donc remis entre les mains le CD de Christophe André « Méditer jour après jour » et le livre d'Eckart Tolle « Le pouvoir du moment présent ».
J'ai pratiqué les méditations avec assiduité, et dévoré le livre.

Quand quelque chose est là pour soi, tout coule de source, tout est fluide. Honnêtement, je n'ai pas lu des milliers de bouquins, et surtout pas des livres de développement personnel, parce que je les trouve souvent ennuyeux, lassants. C'est surtout le soir, avant de dormir, que j'attrape un livre, du coup, s'il n'y a pas un minimum d'action, mes paupières tombent rapidement... Difficile dans ces conditions de suivre le cheminement de la pensée de l'auteur et les enseignements qu'il a voulu faire passer.

D'ailleurs j'espère que vous ne vous endormez pas trop en lisant mon livre... Parce que c'est vraiment ça qui est drôle : moi qui lit très peu, je me retrouve à en écrire un !

Mais celui d'Eckart Tolle (que je vous recommande vivement si vous ne l'avez pas déjà lu), m'a parlé dès les premières pages. Il venait me parler , à moi. Comme si l'auteur avait écrit juste pour moi : « L'homme qui murmurait à l'oreille d'Axel ! ».

J'ai immédiatement adhéré à la philosophie, au principe de la pleine conscience, du moment présent; c'est tellement logique, tellement clair, quand on en a pris conscience.

Je suppose que vous avez déjà entendu parler de pleine conscience, peut-être que vous pratiquez, mais dans le doute, laissez-moi aborder le sujet, parce que c'est tellement important que je m'en voudrais de recevoir un courriel d'un lecteur me disant : « Mais c'est quoi en fait, vous en parlez, mais vous ne l'expliquez pas ».

Dans la vie, il y a le passé, le présent et le futur; jusque là tout va bien, tout est logique et normal...

Quelle est la seule et unique vérité ?

Le passé ? Non, le passé est une vérité puisqu'il a existé, mais il a existé, et il n'existe plus. D'ailleurs il a existé d'une certaine façon. Et en fonction de la perception des uns et des autres une même situation ne sera pas vécue pareillement. Moi-même en introduction de ce livre, je le dis : « Certains faits sont peut-être faux ou pas tout-à-fait comme la réalité, et comme ça s'est réellement passé, mais c'est comme ça que je les ai vécus ». Il n'est pas question ici de raconter n'importe quoi, c'est simplement que mon esprit aura sélectionné ce qui reste important pour moi.

Donc, si le passé a contribué à m'amener à être qui je suis aujourd'hui, il ne peut absolument pas conditionner mon futur. Quoique...

Si j'avance en regardant mon passé, en prenant exemple sur les choses que j'ai vécu avant, j'ai toutes les chances du monde de me prendre un mur, ou un arbre !

Le passé a été, il n'est plus. C'est une grande réalité, mais tout le monde ne l'admet pas aussi facilement que ça.

Je croise régulièrement des gens qui s'opposent à cette affirmation. Le passé est important puisqu'il est responsable de qui nous sommes aujourd'hui. Hummm pas faux, mais pour ma part, si je pouvais changer quelques « petits » détails de mon passé, je le ferais. Du moins j'aurais bien voulu le faire avant de faire toutes les guérisons que j'ai faites, aujourd'hui j'ai intégré ce que j'ai vécu dans le passé. Tout est juste.

Mais c'est impossible de revenir sur le passé ! Ce qui a été ne peut plus être modifié, c'est comme ça.

Tout ce que je peux faire, c'est faire en sorte de vivre pleinement mon présent pour bâtir un autre futur.

A ce jour, la machine à remonter le temps n'existe que dans les films et les romans fantastiques. C'est chouette, et si je suis certain que, tout comme moi, vous vous êtes déjà surpris à imaginer inventer une telle machine, ça reste de la fiction.

Donc le passé n'étant plus, et ne pouvant plus être modifié, laissons-le où il est.

Imaginez ce qu'aurait pu être ce livre si je n'avais pas réglé mes problèmes avec mes parents : mon père absent, ma mère violente… Quelle pourrait être nos relations : « ben oui, mais tu n'étais jamais là quand j'étais petit » ou encore « oui mais tu m'as frappé, et ça m'a fait mal ». Malheureusement il y a un sacré grand nombre de familles où ça se passe comme ça : rien n'est réglé, on reste bloqué sur le passé, alors à chaque occasion, repas, fêtes, mariages… un peu d'alcool aidant, les aigreurs ressortent. Mais pour quoi faire ??

On en fait quoi de tout ça ?

Vous savez, ressasser le passé, ça sert à quoi ? A mon sens, à rien ! Et je dirais même que ne pas ressasser le passé, peut amener… Le pardon ! Oui, pardonner pour des situations que vous avez vécues et qui n'ont pas été confortables pour vous. Des situations qui ont même pu être horribles à vivre, effrayantes, douloureuses…

J'ai discuté récemment avec quelqu'un qui m'expliquait qu'il était encore marqué, plus de 30 ans après, par la fin de la vie de ses parents, qu'il avait perdus très jeune, des suites de maladies très

lourdes. Il a dû accompagner ses parents et a vécu des situations qui l'ont fortement marqué parce qu'il était très jeune, trop jeune, pour gérer les situations qu'il a eu à vivre.
Je ne détaillerai pas son histoire ici, mais je suis sûr que vous imaginez bien ce qu'il a pu vivre.
Oui c'est terrible, et s'il en parle encore comme ça aujourd'hui c'est que quelque chose n'a pas été réglé pour lui.

Mais c'est son histoire, et si elle dure pour lui, l'histoire de l'enfant qui a été battu à chaque fois qu'il ramenait une mauvaise note à la maison, l'est tout autant, même si, vu de l'extérieur, il est évident qu'il y en a une qui est bien pire que l'autre. Si on devait faire un long métrage des deux histoires, il est évident que l'une des deux susciterait plus d'intérêt que l'autre.

Mais ce n'est pas ça qui est important : ce qui est important et primordial, c'est que ce que nous vivons, nous le vivons avec une intensité qui nous est propre. C'est comme ça, ça ne se discute pas. Et puis, de vous à moi, ce n'est pas un concours... Nous vivons les choses avec notre sensibilité, qui nous appartient. L'ainé de nos trois garçons, par exemple, dit « Aïe », euh, pardon, crie « Aïe », dès qu'on pose la main sur son bras. Je vous jure que c'est vrai. Ça lui fait réellement mal ! C'est sa sensibilité, ça ne se discute pas.

En résumé, le passé a conduit à faire de nous qui nous sommes aujourd'hui. D'où l'importance du développement personnel... Quoi que nous ayons vécu enfant, nous avons tous quelque chose à guérir en tant qu'adulte, j'en suis persuadé !

Le futur, quant à lui... Qu'en est-il ?

Le futur est source de soucis ou de joies à venir : j'ai peur de ne pas avoir assez d'argent, je suis content de partir en vacances, je suis stressé de reprendre le boulot, j'ai peur de l'examen qui va arriver...

Il est principalement générateur de peurs.

Pourquoi ?

Parce qu'il nous est impossible de savoir avec certitude ce qui va se passer dans un futur même très proche.

Vous savez bien: qui me dit que je ne vais pas passer sous un camion en traversant la route dans une heure ?

OK je vous l'accorde c'est un classique, voire même un basique, mais c'est tellement important dans la pleine conscience.

Imaginez les dimanches que j'ai vécu quand j'étais petit : je les vivais dans l'angoisse de savoir si ma mère allait m'en mettre une le soir en rentrant ou pas. Le nombre de dimanches que je me suis flingués ! Si j'avais connu la pleine conscience à l'époque, je me serais concentré sur ma journée, devant mes raviolis, dont je raffolais, avec mes copains l'après -midi ou dans le jardin, jusqu'à voir ce qui allait se passer le soir venu. C'est d'autant plus vrai que la question de savoir si je connaissais mes leçons ne tombait pas régulièrement, et même si elle tombait, elle n'était pas toujours suivie de contrôle...

J'ai longtemps vécu les moments présents en pensant au futur, à demain : oui on est bien au soleil aujourd'hui en train de bronzer, mais demain je me lève à 6h00 et je pars travailler, et d'ailleurs j'ai rendez-vous avec mon patron pour lui présenter des résultats pas terribles du tout.... Et blablabla...

Je faisais partie de ces gens qui pensent à la fin de leur semaine de vacances dès le mardi matin... « Hou la la, il ne me reste plus que 5 jours de congés »... Si, promis, c'est vrai, je reviens de loin. Demandez à ma femme, elle vous le confirmera !

Si je vous dis que la seule réalité qui existe c'est le présent ?

Je peux passer mon temps à ruminer, à me tracasser, à ressasser les éventuels problèmes que j'aurai demain, mais est-ce que les situations que j'imagine et qui m'empêchent de dormir sont réelles ?

NON !!!

Elles sortent de mon esprit. De mon imagination, qui malheureusement aurait parfois tendance à voir le verre à moitié vidé...

« Et si je ne vendais pas, et si je tombais malade, et si la voiture nous lâchait, et si, et si, et si... ».

C'est un peu cru, mais « si ma grand-mère en avait, ça serait mon grand-père » ! Quand j'étais petit, on disait « Avec des « si », on mettrait Paris en bouteille » !

Le futur n'existe pas ! Seul le présent existe.

Nous ne pouvons être certains que de ce qui est, que de ce que nous vivons ici et maintenant. Nous ne savons rien de ce qu'il adviendra de nous dans la minute qui vient, ni même dans la seconde, alors imaginez dans un mois !

Par contre, c'est très facile à écrire, mais beaucoup plus difficile à mettre en pratique. Même si vous êtes d'accord avec moi, si vous faites partie de ces gens qui se tracassent pour tout et pour rien, ce n'est pas en ayant lu ça que vous allez mieux dans l'instant.

Il faut entraîner notre mental à nous lâcher un peu. A aller voir ailleurs s'il fait beau !

Comment fait-on pour calmer le mental ?

Gagné, on médite !

La méditation de pleine conscience est une méditation très accessible, guidée, qui nous aide à concentrer notre attention sur ce qui se passe ici et maintenant.

Un exemple tout simple d'une méditation pleine conscience : se concentrer sur sa respiration, le contact de notre peau avec nos vêtements, les sons que nous entendons, etc... Pendant que nous sommes concentrés à faire ça, nous ne pouvons pas penser à autre chose. Du coup, petit à petit notre mental s'apaise, et c'est tout notre état qui se modifie, toute notre vision des choses qui change.

Par contre, comme le dit Christophe André, c'est un peu comme le vélo, c'est bien de savoir que faire du vélo est bon pour le corps, mais pour en tirer les bénéfices, il faut pratiquer. Pour la méditation c'est pareil; savoir que le principe de la pleine conscience est bon pour nous, c'est bien, mais il faut le pratiquer pour avancer.

En toute sincérité, depuis que je pratique la pleine conscience, ma situation n'a pas vraiment évolué : je n'ai pas plus de chiffre d'affaires d'avance ou de contrats en attente, je n'ai pas de comptes en banques pleins à craquer qui m'assurent un avenir rose...

J'ai juste appris à faire confiance, à m'apaiser, et... à me mettre en action.

Oui parce que la pleine conscience n'est pas non plus une pratique d'hurluberlu qui vous amène tout, tout cuit, dans le bec.

Si vous passiez huit heures par jour à méditer, il y a fort à parier que vous risqueriez des soucis. Que vous soyez employé ou indépendant, il faut se mettre en action.

Profiter de l'instant du feu qui brûle, c'est bien, ne pas se tracasser du fait qu'une fois le bois brûlé il faudra aller en rechercher, c'est pratiquer la pleine conscience, oui. Mais ne pas se lever à un certain moment pour aller rechercher du bois, c'est l'extinction assurée du feu...
La pleine conscience ne fera pas venir le bois comme par enchantement, elle permet juste de profiter de l'instant présent, et c'est déjà énorme !

En tant qu'indépendant, je pourrais travailler à developper mes formations, mes conférences, et écrire plein de livres, tout le temps, sans m'arrêter, de jour comme de nuit.
Aussi, quand je décide de profiter d'une journée, pour aller à la plage avec ma femme et mes enfants, pour aller faire une session de kitesurf, bref pour profiter de la vie, la pleine conscience m'a appris à en profiter vraiment. Je coupe, je suis ici et maintenant, pour le reste on verra demain. Ce qui compte c'est l'instant que je suis en train de vivre avec ma famille, c'est le break que j'ai choisi de m'offrir.

Je vous laisse creuser plus par vous-même si vous souhaitez approfondir le sujet de la pleine conscience. Vous l'aurez compris, si vous ne connaissez pas, je vous invite vraiment à découvrir cette pratique qui a fait ses preuves dans la réduction du stress et le bien-être. Certaines entreprises font appel à cette pratique pour leurs collaborateurs.

Mais pour moi, la découverte de la pleine conscience m'a clairement sauvé la vie.

En parallèle de la découverte du moment présent, mon état moral étant tombé très bas, je me suis retrouvé avec une boîte de millepertuis, histoire d'éviter la dépression vers laquelle je me dirigeais tout droit. Aujourd'hui on appelle ça un burn-out...

La combinaison du traitement de plantes et de la pleine conscience m'a fait remonter la pente quasi aussi vite que si j'avais eu un tire-fesse accroché au derrière.
Et le plus impressionnant, c'est que très rapidement, mon téléphone s'est remis à sonner et que les contrats sont de nouveau rentrés.

Le burn out...

Un mot tellement « à la mode » aujourd'hui. Malheureusement, il est passé dans le langage commun alors qu'il est vraiment difficile de se sortir d'une situation de « burn-out ».

Littéralement la traduction de burn-out signifie « brûler ».

Un burn-out est donc le résultat terrible d'une trop grosse pression, d'une déprime non traitée... La conséquence est que vous « brûlez »...

Juste pas WoW...

Je pense qu'il est important d'être attentif aux symptômes annonciateurs d'un burn-out : le surmenage, le stress, le manque d'appétit à la vie, la fatigue, etc...
Il faut être capable de voir venir soi-même, ou avoir des gens autour de soi qui voient arriver cette situation. Dans la vie personnelle de préférence, parce que la cause d'un burn-out étant bien souvent professionnelle, inutile d'aller chercher du soutien de ce côté-là.

J'ai vu un ami victime de cette maladie : jeune, sportif, en grande forme, jeune papa... Nous l'avons reçu à la maison peu de temps après qu'il ait été diagnostiqué en burn-out. Sincèrement il avait pris au moins 10 ans…

S'il s'en est sorti, c'est parce qu'il était déjà monté en conscience sur le fait qu'il travaillait dans une grosse société compliquée côté pression, qu'il avait entamé un travail sur lui, et qu'il a su entendre les conseils que nous lui avons donné sur une autre possibilité de se soigner qu'avec de la chimie : les « parfums de soins ». Je vous en parle un peu plus tard…

Mais, si vous n'avez jamais croisé personne à qui c'est arrivé, vous ne voudriez pas que ça arrive à un de vos proches, ou à vous, bien sûr.

Alors, je vous invite à rester vigilant, tout au long de votre vie, pour ne jamais perdre de vue que nous ne sommes pas là, sur terre, pour nous défoncer au travail, pour être performant dans tous les domaines, pour ne jamais toucher terre, ne jamais respirer…
Ce que j'ai appris ces dernières années, c'est au contraire, à profiter de la vie, à sentir la chaleur des rayons du soleil sur ma peau, à profiter des instants magiques que la vie m'offre avec mes enfants, que je me suis offerts en choisissant de travailler le plus souvent possible à partir de mon bureau, chez moi… A profiter des bons moments qui nous sont offerts, à savoir observer la nature, les oiseaux, etc…

Et j'ai aussi appris à remercier pour tout ça. Parce que c'est un véritable cadeau que de pouvoir vivre cette vie-là. De pouvoir contempler les étoiles, sentir les gens qu'on aime contre soi, partager, échanger, faire de la musique, chanter, danser, manger, vivre…

Oui, mon épouse, je te rejoins aujourd'hui, il est là le paradis.

Comme le dit si justement Christophe Maé : « Il est où le bonheur ? Il est là, et c'est souvent quand il est passé qu'on se rend compte qu'il était là » !

Oui c'est aussi ça « monter en conscience » : c'est se rendre compte maintenant que tout est là.

C'est juste WoW !

Et mon père dans tout ça ?

Comme je l'ai écrit au début de ce livre, mon père a été plutôt absent durant une grande partie de ma vie. Après le divorce, il y a eu pendant une courte période, les traditionnels week-end toutes les quinzaines, puis rapidement son départ à Bordeaux. Ensuite je l'ai entr'aperçu pendant un mois de vacances (lui ne l'était pas) à Bordeaux à mes 7 ans, une semaine à Paris à mes douze ans, et un après-midi à mes seize ans.

A chaque rencontre, aussi rare soit-elle, je n'aimais pas le personnage que je voyais. Il était à la fois distant de moi, tout en m'affublant d'un surnom qui se voulait gentil et paternel : « Bonhomme ». Moi, je me disais qu'il ferait mieux de s'occuper un peu plus de moi plutôt que de faire semblant d'être un parent, quand de temps à autre il repensait à moi.

J'avais en moi toutes ces souffrances liées à la séparation, au transbahutage entre la Hollande, les oncles et tantes à droite, à gauche, les violences de ma mère, son absence à lui…

Oui mais…

Si personne ne pouvait m'enlever ce que je ressentais en le voyant, il n'en demeure pas moins vrai que ma mère n'oeuvrait pas du tout à ce que je conserve une image positive de cet homme.
Pour je ne sais quelle raison qui lui appartient, elle avait pris le parti de le dévaloriser à mes yeux. Elle transposait l'échec de leur relation sur moi. Sauf que je n'étais qu'un enfant, que je n'y pouvais rien, mais que, faute de mieux et faute de connaître la vérité, je la croyais.

En fait, elle faisait exactement ce qu'il ne faut pas faire quand on se sépare d'un conjoint avec au moins un enfant dans l'histoire : critiquer l'autre.

Chacun son histoire.

Je ne suis pas forcément d'accord avec le vieil adage qui dit que « les amis de mes amis sont mes amis ». Ce n'est pas toujours vrai; c'est une probabilité parce que des points communs peuvent exister, mais, c'est, pour moi, loin d'être une vérité absolue.

Pour transcrire ça au niveau professionnel, il m'est arrivé à plusieurs reprises de travailler avec de très bons collaborateurs, que je recommandais à d'autres établissements au moment de leur départ.
Il m'est arrivé qu'ils n'aient pas donné satisfaction dans leur nouvel établissement.

Pourquoi ?

Parce que nous ne réagissons pas de la même façon face aux uns et aux autres. Nous faisons miroir avec les autres et pouvons donc paraître radicalement différents en fonction de ceux avec qui nous évoluons.
Mais je reviendrai ultérieurement sur ce point, qui fait partie des découvertes importantes qui m'ont transformé.

Revenons au couple.

Ce n'est pas parce que j'ai quitté ma première femme que ça fait d'elle ou de moi une mauvaise personne. Juste à un moment donné, nous nous sommes trouvés, et à un autre moment, nos chemins se sont séparés, parce que nous avons évolué différemment.

Ça peut être dur et douloureux, mais il en est ainsi.

J'ai appris ça il y a plus de dix ans lors de ma formation en Reiki. Notre amie enseignante nous avait parlé de cet état de fait : les gens que nous côtoyons aujourd'hui ne sont pas forcément les mêmes que ceux que nous côtoierons demain. Ils changent, et nous changeons.
Il m'a été difficile d'accepter ça, parce que lorsqu'on le projette sur son couple ou sur les très bons amis qu'on a au moment où on le conscientise, c'est compliqué à admettre.

Je vivais déjà une relation très harmonieuse avec mon épouse, nous avions des amis fort sympathiques avec qui nous passions de très agréables moments, et je n'avais aucune envie que cela change. Aujourd'hui, nous suivons le même type de chemin, mon épouse et moi, et nous évoluons ensemble, nous échangeons énormément au quotidien sur nos découvertes, nos apprentissages, nos expériences, donc à ce jour, tout est OK.

Par contre, nous n'avons plus de réel contact avec notre amie enseignante de Reiki. Nous ne nous sommes pas fâchés, nous avons juste changé de chemin. Il faut dire qu'elle fait partie des gens que nous avons croisés dans notre vie, et qui font partie de nos « maîtres » dans la vie. Quand je dis « maître », ce n'est pas une forme d'admiration gourouesque ! Non, juste, elle fait partie de ces gens qui ont compté dans notre élévation spirituelle.
Or, la dernière fois que nous nous sommes croisés, elle s'est adressée à nous, sans tenir compte, ni de notre évolution, ni du chemin que nous avions parcouru. Du coup, les échanges n'étaient plus en phase. D'un côté quelqu'un qui reste en mode « je t'explique la vie », d'un autre, des « élèves » qui ont fait leur chemin et qui ont forgée leur propre opinion sur les choses.

Mais c'est OK !

Revenons-en donc à mon père.

Fort heureusement, une personne oeuvrait pendant toutes ces années pour maintenir à mes yeux une image neutre de qui était mon père. J'ai nommé, mon oncle de Hollande, que je voyais très souvent, c'est-à-dire à chaque période de vacances scolaires, lesquelles, comme chacun sait, sont très nombreuses en France.
En arrivant chez lui, j'apportais avec moi, toutes sortes de croyances et d'affirmations qui ne m'appartenaient pas, mais que j'entendais chez moi, chez mes « parents », et que je m'appropriais, faute d'autre chose, faute de réel libre arbitre.

Alors, quand j'arrivais avec mon flot de mauvaises paroles à l'égard de mon père, il me racontait ce qu'il connaissait de lui, et comment il avait observé la différence entre les visites de ma mère, et celles de mon père pendant l'année où je vivais chez eux.
A l'époque j'avais entre 4 et 5 ans, et lorsque ma mère arrivait, elle m'offrait royalement une paire de raquettes de badminton, et s'en allait discuter avec ma tante. Quand je m'approchais d'elle pour lui faire un câlin et chercher l'amour dont tout enfant a besoin, elle me repoussait pour ne pas que je froisse son joli tailleur Hermès, ou je ne sais de quelle marque hors de prix. En tout cas, à ses yeux, d'une valeur bien supérieure à l'amour dont son petit garçon avait besoin, mais en réalité, bien inférieure. De son côté, mon père apportait dans ses valises un cerf volant, qu'il s'obstinait

à faire voler avec moi, en courant comme un fou sur la digue, un des rares jours hollandais, sans vent !

Vous me direz que ce n'est qu'un exemple. Oui certes, mais si je vous le raconte, c'est parce qu'il s'est inscrit profondément en moi, et que mon oncle a donc atteint son but : en me racontant ça, il modifiait la vision que j'avais d'un père prétendument non aimant et qui m'avait purement et simplement abandonné.

Pour expliquer la suite, il faut que je vous dise que si je n'ai réellement commencé à travailler sur moi que vers l'âge de mon indépendance, à dix-huit ans, j'ai presque toujours ressenti au fond de moi que certains de mes côtés n'étaient pas conformes avec la façon dont je voyais l'homme en général.
Aussi, les rares fois où j'ai croisé mon père durant mon enfance et adolescence, je n'en ai pas eu une très belle image. Il représentait exactement les côtés qui me dérangeaient chez moi : l'ego, la colère…

Encore une fois, il venait faire miroir, mais à l'époque j'étais vraiment loin de le savoir…

C'est mon séjour en Nouvelle Calédonie qui a été le déclencheur vis-à-vis de mon père. Rapidement, après m'être retrouvé sur mon île, j'ai réalisé que j'avais un papa, quelque part sur la côte Atlantique, en France, et qu'il n'était même pas au courant que j'étais parti à plus de 20000 kilomètres de là. Et j'ai eu d'un seul coup une très forte envie de le connaître, de savoir qui il était vraiment. Pourquoi il n'avait pas été présent durant mon enfance, etc.

En écrivant ces lignes, et ce qui va suivre, je réalise que, si aujourd'hui je suis pleinement conscient de ma connexion avec l'univers, et du « demander et vous recevrez », à ce moment-là, je ne peux même pas dire c'était juste un concept, j'étais à des lieues de penser à ça.

Et pourtant, assez rapidement après être rentré en France, la vie m'a amené à prendre contact avec lui, à venir le voir, et très vite à prendre une chambre chez lui pendant quelques six mois, juste après mon service militaire.

Sauf que ce n'était toujours pas le bon moment.

Nous n'avions, ni lui, ni moi fait assez de chemin pour bâtir une réelle relation durable. Peut-être y avait-il encore trop de « fausse relation père-fils », peut être, que je n'avais pas assez cheminé, lui non plus… Je ne sais pas, en tout cas, nous avons eu une relation qui a abouti à une rupture.
Je préfère taire la raison de cette rupture; elle lui appartient, et je ne souhaite pas spécialement partager ça. Dans tous les cas, nous voilà repartis dans une non-relation qui dura 8 ans de plus.

Je pense que ce sont les enseignements que j'ai reçus des uns et des autres, le chemin que j'ai parcouru, qui a fait qu'au début de l'année 2009, j'ai été pris d'un élan de reprendre contact avec lui. Peu importe ce qui l'avait amené à couper les ponts avec moi, ce n'était pas suffisamment grave pour que je ne fasse pas ce pas vers lui. D'autant que j'en ressentais un profond besoin.

Je l'ai retrouvé assez facilement sur le site copainsdavant.com, lui ai envoyé un message auquel il a très rapidement répondu.

La suite s'est passée par téléphone. J'ai trouvé un homme différent, ouvert, qui montrait une réelle envie de « faire ma connaissance » et celle de ma nouvelle famille. Mais j'étais prudent, et lui ai donc proposé que nous nous voyons juste lui et moi dans un premier temps, avant d'éventuellement aller plus loin dans nos relations.

C'est une ou deux semaines plus tard que je suis parti le voir dans son chalet dans lequel il habite au bord de l'océan. Elle restera toujours gravée dans ma mémoire, l'image de ce petit bonhomme qui m'attendait sur son vélo, à l'entrée du domaine fermé par une barrière, qui m'a pris dans ses bras, et qui, entre deux sanglots, m'a dit : « Merci de l'avoir fait, le vieux sanglier solitaire que je suis n'aurais pas réussi à le faire ».

Juste WoW !

Nous avons passé de longues heures à discuter, à tout poser sur la table. J'ai pu le questionner sur tout ce qui me tracassait depuis des années, pourquoi son absence, pourquoi son départ, la relation qu'il avait eu avec ma mère, etc.

Nous avons depuis une relation, une vraie. En contact sur Facebook, dont il a rapidement découvert les avantages quand on habite à 600 kilomètres les uns des autres, des échanges par mail, au téléphone, et des visites régulières.

Je peux dire que j'ai trouvé mon père à 39 ans !

Mais attention, il a fallu que nous apprenions, lui comme moi qu'il était impossible de remonter le temps et rattraper ce que nous n'avions pas vécu ensemble quand j'étais petit. Même si nous sommes et nous resterons toujours père et fils l'un pour l'autre, entre temps, nous sommes devenus grand-père et père. Et ça, ça change tout !
On n'a pas la même relation avec son père quand on est enfant, adolescent, jeune adulte ou soi-même père. Nous ne nous sommes pas connus quand j'étais un fils et lui un père, ce n'est pas grave, le principal est de nous connaître maintenant. Malgré tout, il reste un « enseignant » de ses nombreuses connaissances informatiques, photographiques et astronomiques ☺.

« Thérapies »

Les lignes qui suivent ont été extraites de mon journal de l'époque :

> *Incroyable ! Je n'avais pas ouvert ce document depuis presque huit mois...*
>
> *Mais ce n'est pas le plus incroyable... Le plus incroyable c'est qu'en relisant ces quelques lignes j'ai l'impression que j'aurais pu les écrire hier : peur du lendemain, peur de ne pas y arriver, peur, peur, et encore peur.*
>
> *Et si je me remets à écrire aujourd'hui, c'est aussi parce que mon épouse me l'a conseillé. Il est vrai que quelques semaines en arrière un tirage de cartes m'a clairement dit que je devais écrire...*
>
> *Les choses ont évolué en huit mois : j'ai été contacté par un centre de formation local, qui m'a proposé d'intervenir en tant que consultant extérieur pour des formations informatiques. Afin de mieux connaître leur façon de faire, ils m'ont invité à une formation pendant trois jours en septembre 2014. En amont de cette formation, chaque participant doit remplir un questionnaire en ligne, le test Hermann. Tout au long des trois jours de formation l'animatrice et son acolyte décortiquent les résultats de ce questionnaire.*
> *Pour ma part il en est ressorti un côté artistique très poussé, ainsi que des colères non réglées. Si le premier point ne m'a pas surpris, il n'en va pas de même pour le second. Or l'animatrice, également psychothérapeute de son état, m'a fait le rapprochement entre colère et faire la gueule. À ce moment-là les choses sont devenues plus claires pour moi.*
> *Je lui ai donc demandé si nous pouvions entamer un travail en thérapie pour essayer de régler mon problème.*
>
> *Il faut préciser que, quelques jours ou semaines auparavant, j'avais cherché (comme je l'explique dans les quelques lignes du mois d'août 2014), un*

thérapeute en hypnose ericksonienne. Celle que j'avais rencontrée ne m'avait pas convaincu du tout.

La thérapeute formatrice avec qui je m'apprête à m'engager travaille avec la méthode EMDR. Nous avons fait cinq ou six séances, avant que je ne prenne la décision d'arrêter.
Dès le départ j'ai senti que quelque chose ne lâchait pas dans la relation entre elle et moi. Peut-être la relation professionnelle qui était en train de se mettre en place bloquait-elle la thérapie. Une chose est sûre, à chaque séance les échanges que nous avions n'étaient pas forcément très convaincants pour moi, notamment quant à la façon de voir la relation avec les enfants. Les retours de séance nous ont valu à mon épouse et moi quelques altercations, ma thérapeute de l'époque ayant quasi réussi à me convaincre que l'éducation que j'avais reçue était la bonne. Parce qu'effectivement c'était de ça dont il s'agissait : je venais me faire soigner pour des colères, une agressivité que j'avais reçue en tant qu'enfant, mais dans le discours, elle me conseillait une fermeté et une façon de faire avec mes garçons qui ne correspondaient pas avec ce que nous voulions mettre en place.

La semaine qui a suivi l'arrêt avec cette thérapeute, j'ai pris rendez-vous avec une ancienne prof de mon épouse, spécialisée en biodynamique, à Avignon.

À l'heure à laquelle j'écris ces quelques lignes je la vois toutes les semaines. Les résultats sont assez flagrants et rapides, surtout dans ma relation aux autres.

... (interruption de l'écriture pendant quelques temps).

Je reviens sur le sujet qui m'a fait ouvrir ce document. À la base, je voulais parler de ce que je veux pour ma famille et moi.
J'ai envie de dire que la situation ne s'est pas améliorée depuis huit mois, elle a même empiré, et pourtant pendant ces huit mois les hauts et les bas ont continué. Que ce soit au niveau moral comme au

niveau financier et donc professionnel je dirais que les choses me sont envoyées pour que je touche du doigt l'essentiel.
Aujourd'hui je suis convaincu d'être en train de passer d'un état d'avoir à un état d'être.
Le passage est difficile et compliqué : j'arrive plutôt bien à me séparer des choses inutiles. Là où c'est plus compliqué c'est de réussir à vivre à fond l'instant présent, à déprogrammer les schémas de mes 44 ans d'existence, à croire fermement sans aucun doute en la puissance et au pouvoir de l'énergie positive. Réussir à penser à demain sans avoir cette boule au ventre, et toutes ces questions : comment l'argent va-t-il rentrer, comment vais-je réussir à payer notre loyer, nos charges, etc.

Mon épouse m'a expliqué de nouveau hier le pouvoir de la pensée créatrice ; rester confiant, penser positif, ne pas voir les choses par le mauvais côté…
Je sais qu'elle a raison, je l'ai déjà expérimenté à plusieurs reprises, il est maintenant urgent que je le mette en pratique.

Parce qu'une chose est sûre, c'est que ma vie aujourd'hui me comble d'amour, tant au niveau de mon épouse, que de mes enfants, et même de mes amis. Quoi de plus important que l'amour aujourd'hui ? Quand je me pose comme je suis en train de le faire pour écrire ces quelques lignes , je réalise à quel point l'énergie Amour est puissante. En disant ça je visualise et matérialise comme une espèce de puissance absolue contre laquelle aucun mal ne peut rien.
Pendant toute mon enfance j'ai grandi dans une croyance que l'argent était la clé de tout : riche tu seras, heureux tu seras. Chemin faisant, force est de constater que la personne que je suis, a grandi certes sans aucun souci de lendemain côté financier, mais avec une absence quasi totale d'amour.

Alors, qu'est-ce que je veux réellement pour ma vie, et celle de mes proches ?

Déjà je veux dire « je voudrais », parce qu'on m'a dit qu'on ne disait jamais je veux ! Et comme je m'adresse à l'univers je ne voudrais surtout pas donner l'impression de commander...

En fait, je crois que mon vœu le plus cher aujourd'hui est que nous soyons heureux tous ensemble, mon épouse, mes enfants, et si possible nos amis chers.
Heureux avec ce qui est juste pour nous; une maison à nous, écologique, autonome, simple, en accord avec nos besoins, ni plus ni moins. De préférence, avec d'autres, des amis, proches qui partagent nos valeurs, nos envies d'authentique...
Réaliser le grand projet que nous avons, de vie en commun, de partage, de potager, etc...
En parallèle de ça, j'aimerais vraiment réussir à ne plus m'angoisser sans cesse pour l'avenir. Etre une fois pour toute confiant, ne plus douter, vivre le moment présent à fond, sans peur du lendemain, puisque je suis convaincu de créer moi-même de quoi le lendemain sera fait !

Mon développement personnel a longtemps butté sur la relation que j'ai avec mon fils aîné. Tiens, c'est bizarre, pas de relation avec mon père en tant qu'enfant, et mon grand garçon me pose problème...

J'ai été violent et agressif avec lui. Et je pense pouvoir dire qu'il n'a pas choisit de s'incarner dans cette vie-là dans notre famille par hasard, parce que si j'avais été avec une autre femme que celle avec qui je suis, j'aurais reproduit trait pour trait le schéma de l'enfance que j'ai eu. Malgré tout ce que j'avais vécu et dont je parle dans ce livre, je l'aurais reproduit : la violence physique, l'absence de communication avec mes enfants, vouloir les mettre de côté, me retrouver le plus souvent possible seul avec mon épouse... Ça me fait sourire d'écrire ça, parce que depuis 4 ans au moment où j'écris ce livre, nous faisons l'école à la maison à nos enfants, et ils sont avec nous 24h/24. Nous revenons tout juste d'un voyage au Québec, seuls sans nos enfants; ça faisait 10 ans que ça ne nous était pas arrivé, soit l'âge de notre aîné !

Mon épouse est devenue une maman exceptionnelle pour nos enfants dès qu'elle a accouché du premier. Elle a voulu tout pour eux. Elle s'est intéressée à la parentalité bienveillante, à la communication non violente, et à plein de belles choses qui leur permettrait de grandir autrement. De mettre un pied dans la vie d'adulte avec d'autres valeurs que celles que l'on enseigne dans notre société traditionnelle.

Du coup, vous vous en doutez, mon comportement avec principalement l'aîné de nos enfants, a souvent posé des soucis entre nous. D'ailleurs je crois que durant toutes ces années ça a été la source principale de nos discordes. J'avais le sentiment de faire des efforts, mais elle non...

Au bout d'un certain temps j'ai dû admettre que je n'y arriverais pas tout seul.

Durant longtemps, régulièrement, mon épouse m'avait conseillé de « voir quelqu'un », comme elle l'avait fait quelques années plus tôt pour soigner avec succès son anorexie, pendant l'adolescence.

Sauf que pour moi, en bon français moyen, « voir quelqu'un » signifiait suivre une thérapie, comme si j'étais barjo. Et comme je n'étais pas fou, je n'avais pas besoin de ça. Il fallait juste me laisser le temps de guérir par moi-même mes blessures du passé à coup de bouquins que j'achetais sans les lire, et de baguette magique !

Mon épouse a été soignée de son anorexie mentale en grande partie grâce à une thérapeute qui lui a fait de l'hypnose. Aussi, m'a-t-elle orienté vers cette forme de soin.

Comme ça me semblait magique, sans trop d'effort de ma part, je cherchai rapidement LA thérapeute. Les signes étaient alignés, un jour, de retour de chez son esthéticienne, mon épouse y avait trouvé la carte d'une hypnothérapeute qui paraissait vraiment très bien. Et puis, trouver la carte de visite de quelqu'un au moment où on cherche, n'est-ce pas là un signe magnifique ?

Devant tant de synchronicités, je prends rendez-vous avec cette personne qui me fait ma première séance.

Sa voix ne me va pas, je ne ressens pas grand chose d'autre que ce qu'on peut ressentir quand on se pose une heure dans un fauteuil ultra confortable et que quelqu'un vous parle calmement.

Bref, un break dans une vie trépidante. Elle m'avait juste fait me poser et juste ça, ça m'avait fait du bien, mais pas plus.

Je décidai donc de ne pas donner suite, et en conclus que ce n'était pas forcément cette thérapie qui me correspondrait.

A peine quelques jours plus tard, j'étais contacté par un ancien directeur d'hôtel qui, quelques années auparavant, avait suivi le même chemin que moi, et était devenu formateur. Il s'était associé avec des gens qui exerçaient déjà depuis plusieurs années. Ils cherchaient un formateur spécialisé en informatique, et avaient pensé à moi.

Je me suis longtemps dévalorisé quant à mes compétences réelles, par manque de connexion avec mon moi profond.

En fait, je ne suis pas plus expert qu'un autre en informatique. Certes j'ai un bon niveau, ayant eu la chance de manipuler les premiers ordinateurs dans les années 1977, et donc de comprendre comment fonctionnent ces engins au fin fond de leurs tripes. Ensuite, j'avais développé une certaine capacité à trouver des solutions avec mon ami Google, largement aidé par mes guides et mes anges, mon ange physique se prénommant Nith-Haiah, et portant dans ses qualités une affection particulière aux nouvelles technologies. Voilà, mes chers clients qui me faites confiance depuis des années, et que je remercie du fond du coeur, si vous lisez ceci, vous connaissez mon secret !
Comme cette grande connaissance de l'informatique était facile, palpable et visible, je me réfugiais dans cette compétence qui ne me faisait plus rêver depuis longtemps.

Non, ma vraie spécialité, qui me faisait vibrer depuis que j'avais découvert le management dans les années 2000, c'était bel et bien l'Humain. Un peu plus tard, je l'avais confirmé en mettant cet aspect en avant dans mes formations.
Mais n'ayant pas fait d'études et obtenu de diplômes et reconnaissances officielles par rapport à cette expertise que j'avais développé par moi-même, je n'osais pas la mettre en avant, autrement qu'à travers quelques formations par-ci par-là.

Même en écrivant ce livre, mon mental continue régulièrement à me seriner des : « Qu'est-ce que tu fais ? Pour qui tu te prends ? Pourquoi prétends-tu être capable et apte à écrire un livre pour aider les autres ? En quoi ton histoire peut-elle inspirer d'autres gens ? »... La dévalorisation ne se règle pas en claquant dans les doigts !

Là c'est clairement un WoW, ou un WoW à l'envers si vous préférez...

Comme vous l'avez peut-être lu dans les extraits de mon journal de l'époque, je suis contacté par une société de formation spécialisée dans l'humain, mais j'accepte de rentrer par la petit porte en m'occupant de l'informatique ! Ils se sont plus précisément spécialisés dans le travail sur le cerveau droit et gauche, et l'analyse de leurs stagiaires à partir d'un test assez poussé et bien fait : le test Hermann.

Afin de voir comment ils travaillent, je suis invité à participer à une formation de trois jours avec la principale associée comme animatrice.
Cette formation avait la réputation dans la région de secouer, et nombres de gens qui y avaient participé, s'étaient retrouvés à changer de boulot ou de conjoint peu de temps après.

Une formation en version « prise de conscience » !

Pendant les trois jours de formation, nous sommes tous passés à la moulinette. Et là, c'est la révélation, cette formatrice, thérapeute de surcroît, met le doigt sur des blocages de ma personnalité, que je n'avais pas vu depuis toutes ces années... Je comprends à ce moment les raisons possibles de mes colères, que j'exprime en « faisant la gueule » plus souvent que de raison. La formation met également en évidence mon côté créatif assez fort, ignoré pendant toutes ces années.

A l'époque j'ai 44 Ans...

Ni une, ni deux, je prends rendez-vous avec elle pour des séances d'EMDR (La thérapie EMDR est une approche de psychothérapie qui utilise la stimulation sensorielle par le mouvement des yeux pour induire une résolution rapide des symptômes liés à des événements du passé).
Sur le moment, j'ai eu l'impression que les séances me faisaient du bien. J'en ressortais avec d'autres idées, une autre façon de voir les choses, bien que je sentais que je n'arrivais pas complètement

à lâcher pendant qu'elle faisait son travail. Et puis, je me suis rapidement rendu compte qu'il y avait un truc qui clochait : je n'étais pas d'accord avec elle sur pas mal de points, et surtout, nous rentrions en conflit. Avec une thérapeute, ça ne me semblait pas normal.
Je me suis d'abord caché cette vérité parce qu'au fond de moi je n'avais pas envie de recommencer une énième fois à raconter toute mon histoire, et tout rebâtir. J'avais envie que ça avance et vite...

Malgré tout, un jour de Février 2015, j'ai pris la décision de cesser ce travail, à mon goût stérile.

Il est important de noter ici que c'est à moi que cette thérapie n'a pas correspondu. Une amie, qui avait suivi le même travail, avec une autre praticienne, me disait que ça avait eu des résultats extraordinaires sur elle.

Il ne faut pas s'arrêter, ni se focaliser sur le fait que telle ou telle méthode fonctionne ou pas avec soi, tout est juste. Plusieurs facteurs rentrent en ligne de compte : nous et le ou la thérapeute. Ce n'est pas que le praticien ou nous sommes mauvais, c'est simplement que cette méthode n'est pas en phase avec nous. Il faut trouver autre chose. Il se peut même que la méthode ne nous soit pas adaptée à un instant T, mais qu'elle pourrait l'être plus tard.

C'est un peu comme pour l'arrêt de la cigarette; pour certains l'arrêt se fait avec des chewing-gum de nicotine, pour d'autres avec de l'acuponcture, et pour d'autres encore, juste en jetant leur dernier paquet. Tout est juste, c'est une question de personne, nous sommes tous différents.

C'est pour cette raison qu'on peut conseiller une méthode de guérison ou de travail, comme vous préférez l'appeler, mais elle doit impérativement correspondre à la personne à qui elle s'adresse.

Rapidement après l'arrêt de mes rendez-vous EMDR, mon épouse m'a parlé d'une prof' en biodynamique et avec qui elle avait eu un bon contact. Je ne savais pas trop à quoi m'attendre, je savais juste que la biodynamique mêlait à la fois des points de massages, en débloquant des mémoires, et des échanges verbaux.

Après avoir contacté la thérapeute basée à Avignon, je me suis retrouvé dans son cabinet quelques jours plus tard.

J'ai de suite « accroché » le personnage, et ça je crois que c'est primordial. La personne avec qui vous allez travailler est quelqu'un avec qui vous allez devoir être 200% honnête et à qui vous devrez raconter tout, absolument tout, voir plus ! Alors si vous ne sentez pas la personne, je vous invite vraiment à ne pas insister trop longtemps, selon moi, c'est peine perdue.
Après, tout dépend là aussi de votre caractère, peut-être avez-vous besoin de quelqu'un qui vous rappelle votre maîtresse que vous aviez en tant qu'enfant et qui vous terrorisait... Mais pour ma part, ce n'est pas le cas.

Le premier rendez-vous consiste à poser les choses : qu'est-ce que je viens chercher ? Quelles sont les règles à respecter dans un travail en biodynamique ?

J'ai raconté ce que je venais chercher : améliorer mes rapports aux autres, avec mon fils aîné, et (j'avais zappé de vous le dire auparavant), régler un problème de nourriture, voire d'alcool, mais qui d'après moi était clairement lié à un manque d'amour, et à tout ce que j'avais évoqué avant.

A la fin du premier rendez-vous elle m'avait dit que j'avais le droit d'être violent pendant une séance si le besoin s'en faisait ressentir, mais uniquement contre le matériel, genre un coussin, et qu'on verrait par la suite comment le réparer, mais jamais contre elle ! Elle m'avait aussi dit qu'il n'y aurait pas de relation sexuelle avec elle ! Cette règle m'avait à la fois surpris et fait sourire, mais certainement que si elle le disait c'est qu'elle avait ses raisons. Et certainement que ses raisons, c'est que la relation entre une thérapeute et son patient pouvait effectivement être ambiguë parce qu'on va chercher en profondeur dans nos souvenirs et notre intimité. Il se pourrait même que certaines choses divulguées à une thérapeute ne l'aient jamais été auprès de qui que ce soit d'autre, et surement pas d'un conjoint.

Mon frein pour suivre ce travail, qui était défini comme étant « bref », c'était de faire deux heures de route par semaine pour respecter le rythme soutenu que demandait ce travail, et de

trouver l'argent pour me l'offrir, les comptes commençant à cette période-là à devenir réellement critiques.
Sauf que lorsque les choses sont justes, tout se met en place pour que ça puisse se faire : le temps se libère et l'argent arrive.

Lors du premier réel rendez-vous de travail, celui dans lequel j'expliquais ma vie, et ce que je voulais, quelle n'avait pas été ma surprise de réaliser à quel point mon enfance avait été triste. Une fois mon histoire terminée, j'avais surpris ma thérapeute avec une larme à l'oeil : pour la première fois de ma vie, elle me faisait réaliser que mon histoire n'était pas anodine, et que mon enfance et adolescence n'était pas franchement enviable. Le mot était même posé : j'avais été un enfant battu.

WoW !

Ça alors, j'avais occulté cette vérité, cet état de fait, comme ces trop nombreuses femmes battues qui nient la vérité.

A la fin de ce rendez-vous je lui avais exprimé mon souhait de réduire ma consommation de bière, que je trouvais abusive à l'apéritif tous les soirs, ainsi que mon addiction à la nourriture.

Sa réponse m'avait autant surpris qu'elle avait plus tard inquiété mon épouse; elle m'avait conseillé de ne pas m'occuper de ça pour le moment et de continuer à consommer bière et nourriture, sans rien changer ! En sortant de chez elle je m'étais même arrêté pour acheter l'apéritif du soir, le réfrigérateur étant vide...

J'ai compris la même année la raison de sa démarche.

Les résultats du travail à Avignon ne se sont pas fait attendre bien longtemps : mon rapport aux autres a rapidement évolué, mon estime de moi, ma valeur, etc, ont bien été rehaussés.

La biodynamique est une thérapie qui allie discussions et massages pour débloquer des mémoires énergétiques. Les échanges vont dans les deux sens; on est loin de psychothérapie dans laquelle le psychiatre ne vous dit quasiment jamais rien.
Ma thérapeute m'amenait à me poser les bonnes questions, à trouver par moi-même les pistes d'amélioration.

Et ça a plutôt bien fonctionné.

Perte de la maison

Fin 2014, nous avions craqué, ma femme et moi, pour une caravane 5 places que nous avions trouvé à un prix fort raisonnable sur le célèbre site de ventes entre particuliers. Nous avions eu un coup de coeur sur une vieille caravane qui nous semblait très bien, pas chère et qui s'était donc retrouvée dans notre terrain quelques jours plus tard.

La vue permanente sur cette maisonnette roulante avait fait son effet sur nous. Plus ça allait, plus nous parlions de notre volonté de partir sur la route, de lâcher tout ce que nous avions pour faire l'expérience du minimalisme avec nos 3 garçons.

A force de le dire, avec le recul, je crois bien que l'univers nous a largement entendu, et qu'il nous a mis en quelque sorte un coup de pied au derrière.

En Avril 2015, il y a eu deux faits marquants, très marquants même, mais qui n'ont, a priori, rien à voir l'un avec l'autre : l'arrêt total de l'alcool et le début de la chute financière.

Les lignes qui suivent ont été extraites de mon journal de l'époque :

> *Ce matin je me suis levé différemment des autres jours. Hier, après la soirée un peu arrosée et fumée passée avec un ami, je me suis fait la promesse de faire un break conséquent avec l'apéro tous les soirs. Je voudrais au minimum casser cette habitude de ne jamais réussir à ne boire qu'un seul verre. Un cycle de 21 jours me semble bien pour désamorcer tout ça. Dans tous les cas j'en ressens le besoin aussi bien physique que moral. Aujourd'hui je suis convaincu que le nombre de bières que je bois est en rapport avec une réelle recherche d'ivresse. Pour moi une recherche d'ivresse ou une recherche de fuir quelque chose. Aujourd'hui j'ai envie de vivre pleinement tout ce que j'ai à vivre.*
> *Dimanche soir avec mon ami nous avons été promener le chien et après une très longue balade et beaucoup, beaucoup, de discussions très intéressantes, nous sommes restés coincés à boire « quelques » bières supplémentaires, et j'ai fait la connerie de lui proposer de fumer un pétard après*

tout l'alcool ingurgité. Étant donné le sevrage qu'il était en train de faire, les conséquences pour lui ont été assez terribles. Non seulement il a été malade toute la nuit mais ça a beaucoup marqué mon épouse et la copine de mon copain.
Ce n'est pas la première fois que je fais le constat qu'un petit verre de trop peut avoir des conséquences assez merdiques.

Alors oui aujourd'hui je me fais la promesse.

On ne peut pas dire que je ne l'avais pas vu venir. Début 2015, une première réforme de la formation professionnelle plonge les entreprises, soit la majorité de mes clients, dans un flou artistique sévère quant au budget qui leur serait alloué cette année-là. Du coup, les sessions ne se remplissent plus.
En parallèle de ça, si j'avais encore nourri jusque-là quelques petits espoirs de réaliser ce fameux festival du denim, en début d'année j'avais pris la décision de tout arrêter : ma participation, mon poste de vice-président de l'office du tourisme, le club hôtelier…

Encore une étape pour moi : je lâchais le peu qui me restait de paraître, à travers ces postes pompeux qui avaient tellement compté pour moi.

Du coup, je me retrouvais à essayer tant bien que mal à relancer ma société de formation, dans ce marasme de la réforme, mais un peu trop tard.

En Avril, alors que nous étions en vacances, c'est suite à cette soirée un peu trop arrosée à mon goût, et à la réaction de ma moitié, que j'ai pris la décision d'arrêter de boire de l'alcool.

J'étais en train de balader mon chien, et je réfléchissais à cette soirée passée. Là je me dis que je devais me faire la promesse, pour mon épouse, de ne plus boire d'alcool.
Sauf que la biodynamique avait déjà fait son effet, et qu'en même temps que je me disais ça, une autre pensée est venue immédiatement chasser celle-là. Ce n'était pas à elle que je devais faire cette promesse, mais à moi.
C'est moi que je devais respecter ce jour-là. C'est face à moi-même qu'il fallait que je me retrouve. Et ça ce n'est pas toujours

évident. Se promettre quelque chose et ne pas le tenir peut parfois être plus douloureux et difficile que face à quelqu'un d'autre.

Le soir même, au moment de prendre l'apéritif (je rappelle qu'en plus, nous étions en vacances...), lorsque ma femme m'a proposé une bière, ma bouche à commencer à formuler un « oui » qui s'est rapidement transformé en « non » lorsque mon esprit s'est aligné avec la promesse du matin. A l'heure à laquelle j'écris ces lignes, je n'ai pas rebu d'alcool. Simplement parce que je n'en ressens plus le besoin. J'ai trouvé d'autres choses. Le moindre état d'ivresse, aussi léger soit-il, me met immédiatement dans un état inconfortable.

Le plus difficile a été de traverser mes craintes de premières soirées chez les amis, où il fallait passer le cap de dire qu'on ne buvait pas d'alcool, les anniversaires, les évènements importants, les fêtes de fin d'année, etc...

Il est intéressant de noter ici, que lorsqu'on est aligné avec ses choix, les autres ne réagissent pas du tout quand on demande une eau gazeuse en guise d'apéritif, au contraire, on croise de plus en plus de gens qui choisissent le sans alcool !

Le deuxième fait marquant : le même mois, pour la première fois, je n'ai pas pu payer le loyer de notre maison.

Quelques jours plus tard, le 10 Mai 2015 exactement, alors que ma femme me proposait de partir acheter des plans de légumes pour mettre en place le potager, je lui ai annoncé que mes comptes en banque étaient vraiment au plus bas, et qu'il fallait qu'on prenne une décision.

Nous étions alors assis sur le bord de la terrasse de la maison que nous louions, beaucoup trop cher, à l'époque.

Nous avons regardé la caravane, et avons eu la même idée, en même temps : nous allions partir sur les routes avec notre camionnette 9 places, et notre caravane.
Plus évident à écrire qu'à formuler à l'époque, mais au final, nous n'avions pas d'autre alternative.

Enfin, selon nous...

Vous êtes peut-être en train de vous demander pourquoi je n'ai pas repris un boulot ? Pourquoi nous n'avons pas remis nos enfants à l'école, histoire de libérer mon épouse de ses obligations de « maman - enseignante » ? Elle aurait pu ainsi m'aider à rentrer de l'argent pour faire face.

Parce que ce n'était pas comme ça que nous avions envisagé notre vie de famille. Parce que nous avions fait un grand pas en avant dans l'ETRE, et que nous ne voulions pas revenir en arrière. En tout cas, c'est comme ça que nous l'aurions ressenti.
D'ailleurs pour tout vous avouer, ce n'est qu'après coup que nous nous sommes fait cette réflexion. Au moment de la décision de tout « plaquer », à aucun moment cette idée ne nous a ne serait-ce qu'effleuré l'esprit. Parce que la décision que nous prenions était juste pour nous.
Nous avions tous les deux des métiers exportables : le massage, les soins énergétiques, la formation, les conférences, la vidéo et la photo. Inutile de se bloquer à un endroit précis. Et puis les enfants faisant l'école à la maison, tout ça prenait son sens.

J'ai cessé de payer le loyer, et j'ai informé l'agence immobilière. Nous n'étions plus à même d'assumer nos charges locatives, mais nous allions quitter la maison et rembourserions plus tard nos dettes.

Ce qui a suivi restera gravé à jamais dans ma mémoire, voire dans nos mémoires.

Si un jour vous voulez faire un grand pas en avant dans la « dématérialisation », je vous recommande vivement de passer d'un logement de 165m2 à un de 9m2 !

Jeter, vendre, donner, jeter, vendre, donner, voilà les maîtres mots des semaines avant notre départ. Nous allions nous libérer par la force des choses du superflu, mais pas que… Nous allions faire un gros nettoyage de notre maison, de notre habitat.
Et au final, le nettoyage a été en profondeur pour nous-même.

J'avais occupé un studio (qui faisait partie de la location) avec mon bureau professionnel. Je n'en reviens toujours pas de tout ce dont je me suis débarrassé comme souvenirs, papiers, ordinateurs, et choses inutiles... De tout ce que je gardais « au cas où », de tout ce que j'avais voulu AVOIR parce qu'il me le fallait.

Je pense particulièrement à une superbe tablette graphique que je m'étais fait offrir quelques années auparavant. J'étais ravi d'avoir eu ce cadeau. Il était arrivé un jour par la poste. Je l'avais soigneusement déballé, mis en place sur mon ordinateur, puis j'avais réalisé que je ne maîtrisais pas vraiment les logiciels qui s'utilisaient avec, et que si c'était juste pour dessiner, une feuille de papier et des crayons de couleurs, ça revenait beaucoup moins cher, et c'était plus authentique.

Oui mais il m'avait fallu AVOIR ça et je l'avais.

Alors je l'avais rangée dans un coin, pensant qu'un jour je m'en servirais.
De temps à autre je la sortais pour réessayer, avec toujours le même résultat : cet article m'était purement et simplement inutile !

Jusqu'au moment où le besoin financier devient pesant et, où de toute façon, il est hors de question de garder des choses inutiles. Alors on vend...

Nous avons vendu, donné et jeté des vêtements, des meubles, des ordinateurs, un poulailler, un portique, une tondeuse, et même un trampoline dont les enfants se servaient énormément, mais qu'il était évidement impossible de garder.

Et puis, chemin faisant, nous avons réalisé que notre combinaison « camion - caravane » n'allait pas forcément être évidente à déplacer...

Alors l'univers a mis sur notre chemin un camping-car de sept places, à travers la personne de mon père. Il a financé notre maison roulante. Nous avons mis notre caravane en vente, et nous sommes préparés avec la nouvelle combinaison « camping-car - camion ». Les deux véhicules ne seraient pas de trop pour emmener tout de même le minimum pour 5 à 6 personnes, d'autant que ce que nous ne savions pas à l'époque, c'est qu'un camping-car de 7 places a mathématiquement moins de rangements que le même pour 4 personnes. Il faut bien caser les couchages quelque part !

Nous avons passé plus d'un mois et demi à trier, emballer, vendre, et faire des aller-retours au garde-meuble, à une période où chez nous il fait une chaleur torride. J'étais contraint de faire les voyages le soir au moment où le soleil descend légèrement et fait semblant de nous cuire un peu moins... Mais c'était sans compter que notre box au garde-meuble était situé au deuxième et dernier étage d'un bâtiment industriel entièrement fabriqué en matériaux métalliques. Je n'avais jamais passé du temps dans un four, mais là c'était fait !

Mon père est venu nous prêter main forte, mais il a dû abandonner, pour cause de chevilles faibles. Pour augmenter la difficulté, pendant son séjour, nous avons eu une très grosse altercation avec ma belle-mère, suivie d'une rupture temporaire dans nos relations. Mais aucun rapport ni avec mon père, ni avec ses articulations !

Nous nous retrouvions donc seuls avec nos trois enfants à gérer ce déménagement de l'extrême !

Nous avions une échéance à respecter : le 1er Juillet au matin, nous devions avoir tout terminé, constat d'état des lieux oblige.

Il nous était impossible de « prendre des risques » quant aux choses que nous arrivions à vendre au fur et à mesure. C'est comme ça que près d'un mois avant notre départ, nous nous sommes retrouvés sans lave-vaisselle, sans lave-linge... et puis sans meubles, sans rien... Heureusement que nous gardions les matelas.

C'est vraiment drôle l'évolution des choses; à l'époque c'était un choc pour nous de devoir faire la vaisselle à la main, de porter notre linge à la laverie... Après être passé par quelques mois de vaisselle dans une bassine en pleine nature, et aujourd'hui toujours sans lave-vaisselle, on relativise sur les petits conforts de la vie. Ce sont vraiment des détails.

Le dernier jour avant l'état des lieux, nous avons eu l'aide d'une femme de ménage qui devait impérativement partir en fin d'après-midi, ayant d'autres engagements par ailleurs. Devant notre désarroi, elle nous a promis de faire le maximum pour revenir nous aider après si elle pouvait. Nous étions crevés, épuisés, sans force, nous n'en voyions plus la fin... Nous avions peur de nous arrêter et ne pas avoir la force de reprendre.

Et elle est revenue, comme le messie ! Elle a sonné au portail et nous a accompagnés jusqu'à 2 heures du matin.

Merci madame, si vous lisez ce livre, je vous remercie infiniment, d'autant qu'en écrivant ces quelques lignes, je viens en quelque sorte de revivre l'état dans lequel je me trouvais à l'époque.

Départ...

Et puis le grand jour est arrivé. Le 1er juillet 2015, après l'état des lieux, nous voilà dans notre camping-car, et notre camion rempli à craquer, sur la route, sans aucune idée de là où nous allions nous retrouver le soir-même.
Ben oui, parfois, nous sommes comme ça avec mon épouse. On se laisse porter. Sauf qu'effectivement, vu le convoi, ce n'était peut-être pas la meilleure idée que nous ayons eue dans notre vie.

J'avais quand même repéré un camping proche de là où nous habitions; ma fille et notre aîné partaient passer une semaine chez leur grand-parents de Sedan, nous devions donc rester dans le coin avant le départ pour la côte Atlantique où nous allions aider mon père à vider son appartement avant sa mise en vente.

Le camping nous a certainement pris pour des touristes, parce qu'il a voulu nous facturer deux emplacements, à cause du camion qui accompagnait le camping-car. Déjà peu fortunés, nous n'allions pas commencer à payer des doubles emplacements. L'heure tournait, il commençait à se faire tard, et mon épouse et moi avions une grosse journée derrière nous, sans parler des deux derniers mois de déménagement. N'ayant, de surcroît, rien prévu à manger, il nous fallait trouver une solution rapidement, sans tergiverser trop longtemps.

Il existe à quelques kilomètres de chez nous, un camping 5 étoiles, a priori le seul de France, qui nous avait toujours fait de l'oeil. C'est ce qu'on appelle l'hôtellerie de plein air de luxe. Ni une, ni deux, après un appel pour vérifier la disponibilité et les tarifs, finalement pas si exorbitants que ça, nous prenons la route pour nous y rendre.

Pour expliquer ce qui suit, je dois vous dire que le camping se situe à côté de Sommières, et que, depuis que nous habitions dans la région, nous avions eu l'occasion, à plusieurs reprises, d'emprunter la route y conduisant. Lorsque nous avons pris livraison de notre maison roulante, le vendeur nous avait recommandé un élément essentiel : un GPS spécial pour véhicule de ce type de gabarit. Effectivement, 7 mètres de long pour 3,2 mètres de hauteur, ça change d'une voiture traditionnelle. L'idée est de ne pas resté coincé face à un pont trop bas ou à une rue trop étroite pour permettre à l'engin de passer. Je m'étais donc fendu d'un modèle au top, de la taille d'un mini iPad. Après avoir programmé la destination, nous partons vers notre camping haut de gamme.

Si je connaissais bien les environs, je ne savais pas exactement quel chemin il fallait prendre pour s'y rendre. J'ai malgré tout été un peu surpris quand mon copilote virtuel m'a demandé de prendre une route à gauche en direction du village de Villevieille, caractérisé par son côté médiéval, et donc ses rues extrêmement étroites.

Bizarrement, une fois entré dans le village, mon GPS me proposa de tourner dans des rues, de mémoire vraiment impraticables pour le type de véhicule que je conduisais. Malgré tout, je ne comprenais pas; le féru de nouvelles technologies que j'étais n'arrivait pas à se résoudre à imaginer qu'un tel appareil puisse se tromper. Après une rapide vérification, je l'avais bien réglé sur le mode « camion », avec les dimensions de notre camping-car.

Non, ce n'était pas possible, mais il était bel et bien en train de nous tromper. Aussi, au lieu de suivre ses indications, j'ai continué dans une rue qui me semblait plus large que celles du centre village. Les GPS étant bien faits, le mien me proposerait rapidement un itinéraire recalculé, et dans quelques minutes nous serions rendus à destination.

Effectivement, il me fit contourner le centre du village, mais me ramena au point de départ...

A ce moment, je capotais, comme ils disent au Québec... Mais pas forcément dans le bon sens. Je ne savais plus vraiment qui j'étais, ni où nous en étions, et le peu de lucidité qui me restait n'était pas suffisant pour que je puisse aligner correctement mes neurones.

N'oublions pas non plus, que mon épouse nous suivait avec un gros Fiat Ducato 9 places, chargé à bloc avec deux enfants à bord. Moi j'étais devant elle avec notre aîné.

Alors, quand le GPS s'est obstiné à vouloir me faire rentrer dans le centre historique de Villevieille, je n'ai pas lutté, j'ai lâché, et j'ai tourné mon volant à gauche pour m'engouffrer dans ces petites rues étroites, avec des balcons qui avançaient dangereusement au milieu, à une hauteur vraiment basse par rapport à notre véhicule.

Le stress montait, l'angoisse me tiraillait le ventre, mais j'avançais prudemment, quand, je me suis retrouvé face à une rue en forme de Y, avec une voiture garée en plein milieu du Y. Mon erreur a été de focaliser mon attention sur la voiture en me demandant comment j'allais bien pouvoir l'éviter.

Le camping car présente un déport d'environ 2 mètres après l'essieu arrière; ce qui a pour conséquence, que quand vous tournez dans une direction, le « cul » tourne dans l'autre sens. A ce moment précis, je n'aurais pas été capable de vous l'expliquer aussi clairement.

J'étais tellement concentré sur la voiture que je devais éviter, que je n'ai pas du tout calculé qu'en tournant mon volant à droite après avoir largement collé ma gauche pour prendre de la marge, mon arrière gauche allait racler contre le mur d'une maison.

Le bruit de plastique qui se fracasse ne laisse pas du tout deviner d'où il vient, et surtout est tellement fort qu'en descendant pour constater l'ampleur des dégâts, vous vous attendez à retrouver votre chambre à l'air libre. Au final, j'avais bien égratigné le côté gauche, cassé un optique, et tout le pare-choc, qui n'en avait que le nom, ne tenait plus que par quelques attaches en plastique.

J'ai pleuré ! C'en était trop... Je n'ai pas réussi à faire face à cette situation. Je venais purement et simplement d'abîmer notre maisonnette dès la première sortie, à peine à 10 kilomètres de notre ancien chez-nous.

D'autant que j'étais conscient que nous n'étions pas sorti de l'auberge, ou du moins des rues minuscules de ce village médiéval.

Après avoir repris mes esprits, nous avons continué à avancer doucement, craignant à chaque coin de rue de découvrir une impasse, et de ne plus pouvoir avancer. Parce que si avancer dans des rues étroites est compliqué, je préfère ne pas imaginer de devoir reculer !

Après quelques rues, que nous avons réussi à passer tant bien que mal, nous nous sommes retrouvés sur une placette d'où ne partaient que des rues minuscules.
J'ai décidé de faire mon repérage à pied. Tout avait l'air malgré tout de pouvoir passer, si ce n'est la fin de la rue qui terminait en virage à droite, et qui passait sous un porche qu'à vue de nez je trouvais bien trop bas pour nous permettre de passer.

Il fallait bien que nous puissions sortir, alors je suis remonté dans le camping-car et je me suis avancé jusqu'au virage. Ce qui a vraiment failli nous coincer, ce sont ces espèces de « bittes » en pierre qui se trouvent en bas des arrêtes des maisons de cette époque, si vous arrivez à visualiser ce que je veux dire. Evidement, mon épouse me guidait, parce qu'à ce moment-là je manoeuvrais en avançant et en reculant de quelques centimètres à la fois pour réussir à nous faire sortir de là.

Des gens s'étaient arrêtés ou étaient sortis de chez eux pour nous regarder, ce qui ajoutait encore au stress énorme du moment. Heureusement que, dans le lot, personne n'y allait de remarques du type « Mais vous devriez faire comme-ci ou plutôt comme-ça » ! Non, je crois juste qu'aujourd'hui encore ils se demandent comment nous avons pu nous mettre dans un tel pétrin.

Après m'être remis de mes émotions, quelques jours plus tard, j'ai tenté de faire prendre en charge les dégâts à la société Garmin, fabricante du GPS, mais ils n'ont rien voulu entendre… Ça vous étonne ?

Les lignes qui suivent ont été extraites de mon journal de l'époque :

> *Pourquoi cette mésaventure ? Fallait-il y voir un signe ? Faut-il voir des signes dans tout ce qui nous arrive ? Ne faisions-nous pas le bon choix ? Ne fallait-il pas que nous partions, ou au contraire, fallait-il que nous partions vite et loin de cette région ?*
> *Autant de questions auxquelles nous n'avions pas de réponses.*
> *Une seule chose était sûre : l'aventure venait de commencer, dans un fracas de plastique, certes, mais le top était donné !*

Première nuit

Après notre mésaventure, nous avons atteint sans autre encombre le camping tant espéré et nous sommes installés à notre emplacement. Comme il s'agissait de notre première nuit tous ensemble, il fallait mettre en place les couchages des uns et des autres, et faire en sorte de pouvoir circuler un minimum entre toutes les affaires embarquées le matin-même. Un tel déménagement ne manque pas à la règle des dernières « petites choses » qu'on ne sait pas où mettre quand on quitte son ancien logement. Sauf que là, ça se retrouvait dans un petit camping-car déjà bien encombré !

C'est au moment où la nuit a commencé à tomber, que nos estomacs se sont tous rappelés à notre bon souvenir. Nous avions dû avaler un bout de sandwich vite fait le midi, mais nous les avions déjà tellement digérés, qu'ils devaient être descendus dans nos orteils.

Direction donc le restaurant / snack.

Le restaurant avait la réputation dans la région d'être un établissement assez haut de gamme. Donc, pas question pour nous.

Nous nous collons devant le bar, et parcourons la grande carte des snacks affichés derrière le comptoir.
A ce moment, le serveur, qui sentait arriver la question suivante, nous assène un « le snack ferme à 19h00 Messieurs-Dames »… Oup's !

Juste pas WoW…

Il devait être proche de 22h30 quand nous lui expliquons notre situation, notre départ de la maison, nos trois enfants, etc…
C'est alors, qu'un ange est descendu du ciel pour nous servir notre dîner !

Non, pas vraiment un ange, mais presque.

Le chef de cuisine, qui passait par là, intrigué par ce qui se passait, nous dit qu'il ne peut plus rien nous servir (ça on le savait), mais nous propose de nous faire des assiettes de frites, et d'aller prendre à la supérette d'à côté des hamburgers surgelés qu'il nous facturerait au prix de vente du magasin.

Là c'était un véritable WoW !

Nous avons mangé pour pas cher, en terrasse, dans un lieu magnifique, servis par des gens qui avaient su comprendre notre état du moment, et qui avait vraiment su répondre plus qu'à nos attentes, parce que sincèrement, je crois que nous aurions accepté un bout de fromage avec du pain ce soir là.

Une nuit plus tard, nous nous retrouvons à notre premier petit-déjeuner de notre nouvelle vie de nomades.

Dans les préparatifs de départ, j'avais équipé notre Ducato avec des panneaux solaires et une grosse batterie pour « être un peu plus autonome ». Mais je n'avais pas encore eu les moyens d'acheter un convertisseur pour sortir sur une prise courant en 220 volts avec une puissance correcte.

Et à l'arrière du camion, j'avais voulu garder un objet de notre ancienne vie qui n'avait rien d'écologique, rien à faire dans notre aventure, mais auquel je tenais beaucoup : une machine à café. Et plus particulièrement une Nespresso !
Coincée entre des caisses, j'avais la possibilité de me faire des bons petits expressos n'importe où sur la route. WoW le luxe…

Ce premier matin là, j'ai donc mis de l'eau dans le réservoir, branché ma machine Nespresso sur la prise du camping, et je me suis fait couler mon café. Vraiment génial d'avoir ça en camping.

Puis nous avons dû partir… Et j'ai dû vider la machine : le réservoir d'eau propre, les capsules…

Vous êtes peut-être en train de vous demander pourquoi je vous raconte ça, pourquoi je vous raconte à ce point ces détails d'une machine à café.

Et bien, parce que ce jour-là j'ai réalisé que j'étais encore en train de m'accrocher à un bien matériel ridicule, mais important pour moi à ce moment-là. J'aime le café, il fallait donc que je garde cet appareil qui m'offrait ce privilège.
Je m'en suis séparé le jour même, je crois. En tout cas je n'ai pas souvenir de m'être refait un autre café dans ces conditions.

Vendre ce dernier vestige d'une ancienne vie plutôt basée sur le « luxe » à notre niveau : cette machine à café à capsules, lave-vaisselle, lave linge, sèche-linge, etc. représentait tout un symbole pour moi.

Ça a été un vrai travail de libération de me séparer de cet appareil. Mais tout comme pour tout ce dont nous nous étions séparés avant de partir de la maison, un travail salvateur, qui fait vraiment du bien. J'étais capable de me détacher d'un objet, qui, même s'il me procurait une forme de plaisir, n'était rien d'autre qu'un objet.

Même j'en étais conscient depuis quelque temps, ce jour-là, j'ai fait un grand pas dans mon passage de l'AVOIR à l'ETRE.

Suite de l'aventure

Dans les jours qui ont suivi, nous avons pris la route, direction Bordeaux, pour aider mon père.

Mon épouse a pu se reposer avec les deux « petits » pendant que je prêtais main forte à leur grand-père. Nous ne travaillions pas tous les jours, et j'ai pu souffler aussi, histoire de me reposer de ces derniers temps très difficiles et laborieux.

Très rapidement, les problèmes financiers ont continué à s'accentuer, je n'avais pas d'activité professionnelle en cette période estivale, et je commençais vraiment à me demander comment nous allions nous en sortir. Nous avions éliminé de nombreuses charges (loyer, internet, téléphone, assurances, etc…), mais nous avions des dettes, et il fallait quand même continuer à vivre, tout en les remboursant.

Nous avons alors réalisé que le plan que nous avions imaginé risquait d'être difficile à tenir : pour bouger avec le camping-car et le camion, il fallait mettre du gasoil dans les deux véhicules, pour se poser avec des enfants, il était quand même préférable de choisir des camping, et ça n'était pas forcément donné… J'avais calculé que, ramené au mois, ça nous couterait le prix d'un loyer !

Bref, nous avons un peu commencé à déchanter, tout en restant dans une énergie positive. Nous étions bien dans notre nouvelle maisonnette, et au final, c'était le principal.

De retour dans le Gard, pour récupérer les deux plus grands enfants, nous avons étudié les possibilités qui s'offraient à nous pour nous poser sans que ça nous coûte trop cher.

C'est comme ça que nous avons squatté successivement le bas du terrain de la maman de mon épouse, un bout de parking devant la maison d'amis dans la région de Sommières, un bout de terrain chez des amis dans le Tarn, puis de nouveau le bas du terrain de ma belle-mère.

Cette année là, le mauvais temps nous a fait l'honneur d'une présence un peu trop fréquente à notre goût dès le début du mois de Septembre. Nous avons connu la poussière sous notre auvent, puis le sol boueux, le vent, la pluie, puis rapidement le froid.

Nous avons réalisé qu'un habitat mobile pouvait avoir des fuites assez conséquentes et qu'il était très difficile de les localiser. Un matin les enfants se sont réveillés avec leurs lits trempés et une entrée d'eau qui venait d'on ne sait où, et finissait sa course sous une des banquettes… juste à côté du tableau électrique…

Pendant toute cette période, nous nous servions de plus en plus du camping-car comme salle de bain et chambre à coucher, et passions de en plus de temps dans la maison de ma belle-mère : nous mangions avec elle, à l'intérieur, et dès l'été, elle m'avait aménagé un bureau, ce qui me permettait de travailler, et de profiter du réseau internet…

Courant Octobre, nous avons pris la décision de prendre un mobile-home dans un camping ouvert à l'année à quelques kilomètres de là.
Nous ne pouvions prétendre à rien d'autre, n'ayant pas assez de recul avec mon activité pour pouvoir louer quelque chose d'autre. Ce type de location, très chère finalement par rapport à un appartement traditionnel, se paie à l'avance, donc pas de soucis.

Si nous avons été enchantés à l'entrée dans les lieux, nous avons très très vite déchanté. C'était petit (ça on le savait), inchauffable, humide, bruyant… Nous sommes partis dès la fin décembre.

Après avoir passé quelques semaines chez ma belle-mère qui nous avait accueillis sous son toit, nous avons pu louer un petit appartement dans le centre du village où nous habitions avant, directement à la mairie.
A l'heure à laquelle j'écris ce livre, nous sommes toujours dedans.

Je suis convaincu que chaque moment de la vie est un enseignement en soi.

La table du mobile-home que nous occupions était suffisamment petite pour que deux ordinateurs portables aient du mal à y être installés en même temps. Lorsque j'étais assis à cette table, j'étais comme coincé contre la baie vitrée derrière, et je pouvais à peine bouger.
Le plancher de ce type d'habitat craque et fait pas mal de bruit.

Quand nous habitions notre grande maison, j'avais installé mon bureau dans une pièce mitoyenne à la pièce principale dans laquelle jouait les enfants. Je ne supportais pas de les entendre faire du bruit en s'amusant. Je sortais régulièrement pour leur demander de faire moins de bruit. Ça avait amené mon épouse à me proposer de déménager dans le studio au fond du jardin. C'était beaucoup plus calme, sauf quand les enfants jouaient dans le jardin...

Dans le mobil-home, j'ai dû apprendre à travailler avec les enfants, non seulement dans la même pièce que moi, mais sur la même table que moi... Et je peux vous garantir que mon activité reprenait bien, à l'époque où nous y logions. Entre les interventions informatiques et les montages vidéos, j'avais pas mal de travail.

L'univers m'a fait travailler sur le bruit, la concentration, la capacité à m'installer un peu n'importe où pour faire ce que j'ai à faire sur mon ordinateur.

Juste WoW ! Merci pour ça.

Aujourd'hui, dans notre appartement, j'ai pu me fabriquer un petit bureau en palette, dans notre chambre à coucher. Les enfants s'activent toute la journée de l'autre côté de la porte, mais c'est OK pour moi.
Je travaille en musique, ou pas, mais j'ai développé une capacité à m'extraire de la situation, de la scène.
Et puis, régulièrement, mon épouse part avec eux pour faire des sorties avec d'autres enfants déscolarisés, ou pour faire de grandes balades et là c'est comme un grand moment de calme pour moi.

Dans tous les cas tout est OK.

Un autre travail sur moi

Entre le dernier trimestre 2015 et le début de l'année 2016, la plus grosse partie de mon activité professionnelle a été réalisée avec des clips vidéos d'entreprises, et particulièrement de mes anciens hôtels, mes ex-patrons m'ayant toujours gardé leur confiance.

Malgré tout, je sentais que je n'étais pas tout-à-fait dans ma voie. Certes le côté créatif et artistique, longtemps enfoui au fin-fond de moi, pouvait enfin s'exprimer, mais je sentais que quelque chose n'était pas tout-à-fait en phase avec ce que je voulais vraiment. Peut-être aussi parce que le côté créatif de ces clips était fortement limité, chaque vidéo devant répondre rigoureusement à un cahier des charges très précis imposé par la chaîne.

Un jour d'Avril, alors que je n'étais pas forcément dans la meilleure des formes morales, mon épouse me transfère un mail d'un couple d'infopreneurs, en me disant : « Tiens, regarde, j'ai reçu ça; il s'agit d'un gars qui propose une méthode pour vivre de sa passion ». La formule était alléchante, et plutôt que d'attraper mon iPad pour faire je ne sais quoi, j'ai ouvert son mail sur mon téléphone.

Le mail proposait de regarder 3 vidéos gratuites d'une durée de 45 minutes chacune. Ce soir-là, nous nous étions couchés tôt, histoire de nous reposer un peu, mais ça partait mal, pour moi en tout cas.

En règle générale, quand une vidéo dure plus de 5 minutes, soit je la regarde en accéléré, soit je l'enregistre « pour la regarder plus tard », c'est-à-dire jamais, soit je passe mon chemin.

Je ne sais toujours pas si c'est le clip tourné en introduction dans les Laurentides au Québec, dans la neige, ou si c'est l'accent canadien de Sylvain Carufel (le gars dans la vidéo ☺), ou les deux, mais j'ai accroché la première vidéo comme on accroche un très bon film à suspens.

Puis j'ai regardé la seconde… Puis la troisième…

Je venais donc de me faire 2h15 de vidéos, à regarder un type, certes sympathique, mais qui ne faisait qu'expliquer qu'après avoir lui-même galéré, puis réussi, il proposait une méthode pour développer sa passion sur le web et en vivre. Il était tellement convaincant qu'il m'a remis le moral au beau fixe en un claquement de doigt, enfin presque !

Le lendemain devait sortir la quatrième et dernière vidéo, qui allait enfin annoncer le prix de vente de cette formation.

Croyez-moi si vous voulez, mais j'ai regardé ce dernier clip en tenant ma carte bancaire dans la main. J'étais prêt et décidé. Pas coûte que coûte, mais prêt.
Vous vous en doutez, j'ai acheté la formation, juste après l'annonce du prix, que je tairai.

Quand il a annoncé le coût total de sa formation, j'ai réalisé que j'avais pile poil le montant sur mon compte professionnel, à quelques euros prêts.

Non, il n'y a pas de hasard, et il faut vraiment que j'arrête de dire que je ne sais pas pourquoi j'ai regardé ces vidéos, pourquoi je ne sais pas pourquoi mon épouse me les a transférées, alors qu'elle les avait reçues d'infopreneurs qu'elle ne suivait pas d'habitude !

Bien sûr que si, je sais pourquoi j'ai accroché ces vidéos. Il fallait que je les regarde, il fallait que j'aille jusqu'au bout…

L'univers a mis sur mon chemin tout un tas d'éléments pour que je suive cette voie. Les synchronicités sont claires. Il fallait que ça se fasse comme ça.

La formation comprend des modules vidéos, des exercices, et un groupe privé Facebook sur lequel chaque participant est invité à se présenter à travers une petite vidéo, et bien d'autres choses encore.

Alors que la plupart de nos vidéos de présentation étaient plutôt imparfaites, bien que naturelles, et faites avec le coeur, peu de temps après le début de la formation, j'ai été attiré par la présentation de, non pas une personne, mais deux. La vidéo sortait du lot parce qu'elle était tournée au bord d'un lac au Québec, en cours de dégel, sur le ponton, et qu'il y avait eu une certaine forme de montage, contrairement à la plupart de celles que nous faisions.
Ils parlaient d'amour, de belles choses, et elle, particulièrement, disait qu'elle avait fait un travail sur elle qui l'avait

métamorphosée. Ils terminaient leur clip en chantant et en dansant. Excellent !

Quelques jours plus tard, elle postait sur son profil une publicité sur son activité : elle était accompagnante Festen, une méthode qui proposait de « se libérer de ses peurs ».

Juste WoW !

Alors ça aussi c'est venu me parler directement. Un message posté là pour moi !

Malgré la formation, je sentais des blocages dans tous les sens, des peurs.

Je décidai donc de contacter cette personne pour voir ce qu'il était possible de faire.

Quelques jours plus tard, je démarrais le travail de développement personnel le plus percutant que j'aie jamais rencontré, et je m'en mettais pour 4 mois de travail intensif. Quand je dis intensif, c'est un faible mot : un véritable travail de tous les jours. Un travail tellement puissant du côté des énergies que mon épouse, qui, à la base, m'avait dit que ce n'était pas pour elle, parce qu'elle avait dépassé beaucoup de peurs, a dû démarrer elle aussi son « Festen » pour ne pas être trop en décalage avec ce que j'étais en train de vivre.

Bien que j'y fasse régulièrement référence dans ce livre, je ne m'étalerai pas sur ce qu'est précisément le Festen (je vous mets le lien vers le site internet à la fin du livre), je vous invite à aller voir par vous-même. Tout ce que je peux vous dire, c'est que c'est une méthode intense, au rythme d'un rendez-vous de deux heures toutes les semaines pendant 6 séances, puis 6 séances à rythme plus ou moins soutenu en fonction de comment vous avancez.

Et en bref, pendant les 6 premières séances, on se libère, et pendant les 6 suivantes, on reconstruit !

Le Festen a vraiment été une révélation pour moi. Le véritable changement dans ma vie. C'est le travail qu'il me fallait pour avancer, pour faire un grand pas en avant.

Ce qui est intéressant dans ce travail, c'est que même après la dernière séance on peut continuer à travailler sur soi en utilisant les enseignements, parce que nous n'avons jamais réellement terminé de progresser, de nous élever. Nous sommes ici pour expérimenter, pour grandir, alors il y a, en fonction de là où nous en sommes au départ, beaucoup de travail à accomplir. Beaucoup d'étapes à franchir, de montées et de descentes.

Mais le Festen offre les outils nécessaires à aller bien, à voir le positif en toute situation, à observer, à prendre de la hauteur.

Les gens qui me connaissent ont tous halluciné de voir qui je suis devenu.

En fait, ce n'est pas tout-à-fait vrai; soit ils n'en ont pas cru leurs yeux, soit ils sont partis voir ailleurs. Si, je vous promets, certains de mes amis et beaucoup de mes contacts Facebook ont tournés les talons et sont partis voir ailleurs. Parce que certaines personnes ne comprennent pas qui on peut devenir à un moment donné de notre vie. Je suis certain que vous croisez régulièrement des gens pour qui le développement personnel est, soit juste un concept, soit un truc réservé à des hurluberlus sectaires.
Ah oui, j'oubliais ça : les gens qui vous mettent dans la case « secte », juste parce qu'à un moment ils ne comprennent plus qui vous êtes en train de devenir.

Courant 2016, je postais des articles glanés à droite, à gauche sur le phénomène des Pokemon Go sur smartphone. Je trouvais hallucinant de voir tous ces jeunes (et moins jeunes) s'acharner à trouver des petites créatures imaginaires et virtuelles dans un monde bien réel.

Un jour, une nouvelle amie, du nouveau monde, me fait timidement une remarque sous un de ces posts :
« Tu sais qu'en publiant des choses comme celles-là tu alimentes le négatif. Ce n'est pas ça qu'on attend de toi... On préfère quand tu postes des belles photos ».
J'ai pris ce message à la fois comme un appel, un compliment et en même temps un défi : j'allais arrêter de poster du négatif. J'allais arrêter d'alimenter les polémiques, les ragots, les choses moches, pour envoyer de l'amour à tout-va sur le plus célèbre des réseaux sociaux.

A partir du lendemain, j'ai posté une photo par jour, parfois avec un petit message du type citation, parfois sans rien. Par contre, mes photos étaient toujours accompagnées par des émoticônes représentant deux mains jointes, un ohm, un oiseau blanc (qui m'étais apparu lors d'une autohypnose pendant mon Festen), des étoiles, un ange, etc.

Et bien, croyez-moi ou pas, mais la plupart de mes « anciens » contacts que j'avais depuis quelques années, ne m'ont plus suivi. Ils ne likaient pas mes photos. Et je sais que ce n'est pas parce qu'ils ne les voyaient pas. D'une part, parce que j'ai eu quelques retours verbaux à ce sujet, et d'autre part, parce qu'en fonction de ce que je partageais, ils réapparaissaient.

Attention, je vous l'ai dit plus tôt dans ce livre, la roue tourne, les gens changent. Et si ce n'est pas eux qui changent, mais vous, le résultat est le même; les chemins se séparent et les atomes crochus que vous avez pu avoir avec Untel ou Unetelle ne sont plus.

Autre exemple : je vous ai dit que j'ai été formé au Reiki il y a plus de 10 ans. J'ai peu ou pas pratiqué pour plusieurs raisons : mon mental m'a toujours seriné que je n'avais aucune légitimité à faire quelques soins que ce soient, et je n'ai jamais été en phase avec l'utilisation des symboles du Reiki.

Durant toutes ces années, nous avons assisté à divers conférences et ateliers avec notamment des « thérapeutes guérisseurs énergéticiens », bref appelez-les comme vous voudrez.

Un d'eux nous avait enseigné le soin de la façon la simple qui soit : demandez à l'univers de vous assister, et si c'est juste pour la personne, le soin se fera. Il racontait qu'il avait toujours fait comme ça et que ça fonctionnait. Son explication m'avait parlé, m'avait parue juste. Si tout était là autour de nous, pourquoi y aurait-il besoin de faire autant de simagrées pour soigner les gens ? Pourquoi mettre en place des symboles, des cérémonies ?
Je ne critique pas le Reiki, loin de moi cette idée, je dis juste qu'il ne me correspond pas.

Aujourd'hui je soigne.

Depuis mon Festen, mon mental a accepté que j'étais capable, comme la plupart d'entre nous, de soigner, en apposant mes mains ou pas, en direct ou à distance. Ça n'a pas été facile, mais à un moment, mon mental a dû lâcher prise et se rendre à l'évidence; ça fonctionne !

Un jour, j'ai décidé de révéler cette capacité à travers une vidéo que j'ai posté sur mon profil Facebook. J'ai décidé d'annoncer aux plus de 4500 personnes qui me suivaient à l'époque que j'avais la capacité de guérir avec mes mains. La vidéo a été beaucoup vue et commentée.

Je vous laisse imaginer que mes contacts de l'ancien monde n'ont pas beaucoup apprécié…

Même si, au premier coup d'oeil, ça ne parait pas, c'est juste WoW !

Deuxième partie

Les clés d'une transition

Pourquoi j'ai voulu partager mon expérience avec vous ? Pourquoi écrire un livre ? Donner des conférences ?
Parce que, tout comme lorsque j'ai découvert que j'étais susceptible de faire du bien aux gens en posant mes mains et en leur transmettant de l'énergie, j'ai trouvé qu'il était important de partager mon expérience avec le plus grand nombre, pour aider ceux qui en avaient besoin.

Tout ce que j'ai réalisé durant toutes ces années, j'ai voulu vous le partager pour, peut-être, vous faire gagner du temps. Pour vous éviter certaines erreurs évitables, pour vous, vos proches, vos enfants...

Beaucoup de gens sont en recherche, sentent que « quelque chose » se passe, sans vraiment savoir quoi, ni comment faire pour avancer.
Il me semble qu'il est du devoir de ceux qui ont traversé toutes ces épreuves et qui ont compris certaines choses d'aider ceux qui démarrent ou qui sont en chemin.

Pendant le séminaire de Sylvain Carufel de « La Solution est en vous » de février 2017 à St Sauveur, dans les Laurentides, au Québec, j'ai eu pas mal de prises de conscience. Mais il y en a une particulière que je dois à François Lemay, fondateur de « Inspire-toi », conférencier et auteur du livre « Tout est toujours parfait ! ».
Lors de son intervention, j'ai su ce qu'il fallait que je fasse : continuer dans la voie de la transmission, en allant plus loin que juste des formations informatiques ou managériales. Il fallait que je me lance dans l'écriture de mon premier livre, que je donne des conférences et que j'accompagne les gens à évoluer vers autre chose.

Merci à toi François pour cette inspiration.

La crise de la quarantaine, ça vous parle j'imagine ?

Avant, du temps de nos grand-parents, on ne cherchait pas à « faire autrement ». On rentrait à l'usine, dans une entreprise, après avoir plus ou moins étudié, et on en ressortait tant bien que mal après après offert environ 45 ans de sa vie à son patron. Il n'était pas envisageable de changer de métier. Tout comme à une époque il n'était pas envisageable non plus de changer d'épouse, de divorcer.

Mais il faut bien être conscient que nous sommes sur terre dans cette vie-là pour expérimenter.

C'est maintenant que tous ceux qui ne sont pas en phase avec cette affirmation regrettent amèrement d'avoir investi dans ce livre et le jettent à la poubelle. Je ne suis pas là pour vous convaincre de quoi que ce soit. Je suis juste convaincu que notre âme chemine en s'incarnant au fil du temps, et je partage ça avec vous.

Depuis quelques années déjà les gens se donnent le droit de choisir une vie meilleure : au travail ou dans leur vie amoureuse, par exemple.

« L'erreur est humaine » !

Bien sûr, mais au-delà d'être humaine, elle n'est pas négative. Nous grandissons jours après jours de nos erreurs. Le bébé qui découvre la marche ne réussit pas du premier coup. Imaginez s'il décidait de ne plus jamais essayer dès la première chute ! Nous serions certainement devenus une espèce de rampeurs et de quadrupèdes ! C'est drôle d'imaginer ce que serait la vie à quatre pattes... Imaginez les réunions d'entreprise, les courses, etc...

Bon revenons-en à notre sujet.

Considérer l'erreur comme une étape de notre vie nous amène forcément à voir les choses autrement.

J'ai souvent entendu parler de pensée positive quand j'étais enfant, notamment par ma mère. Elle m'en parlait régulièrement parce que son mari était un homme pessimiste, qui voyait tout le temps le verre à moitié vide. Quelqu'un de gris, de sombre, un râleur... Quelqu'un qui n'avance pas, tellement il regarde derrière lui : « De mon temps c'était mieux, de mon temps les choses étaient comme ci, comme ça ». Vous savez, ces gens qui trouvent que tout était mieux avant, que rien ne va plus... Il était drôle par moment, même très drôle, mais ces moments étaient tellement rares.

L'idée de la pensée positive me semblait intéressante, mais je ne saisissais pas bien le concept. Moi-même qui ne vivais pas forcément une enfance des plus joyeuses, je ne m'imaginais pas spécialement trouver des ressources pour penser positivement.

Les choses sont justes, et il n'y a pas de hasard.

J'ai donc voulu, à travers les quelques chapitres qui suivent, vous donner quelques clés, quelques points de vue, qui me semblent intéressants pour vous. Ils ne sont pas exhaustifs, loin de là, personnellement j'en découvre régulièrement régulièrement, au fil de mes lectures, de mes rencontres, de mes échanges...

Bienvenu dans le nouveau monde; c'est juste WoW !

Ancien et nouveau monde

A plusieurs reprises, j'ai évoqué cette notion de nouveau et d'ancien monde.
Qu'est-ce que j'entends par là ?

Les temps changent, le monde évolue, ou plutôt, les gens, et la société , évoluent. Avez-vous remarqué ça ?

D'un côté il y a ceux qui fonctionnent encore comme avant, et de l'autre, ceux qui regardent les choses différemment. Bien sûr pour avoir observé cet état de fait, il faut avoir regardé du bon côté, ou... avec le bon oeil ☺.

L'ancien monde, c'est le monde de la consommation, du plaisir matériel, du non amour, de la mise en compétition de l'homme par l'homme, du pouvoir, de la politique pour la politique, de la pollution, des guerres, de la violence, etc.

Le nouveau monde, c'est un monde plus spirituel, un monde de l'être et non de l'avoir, un monde d'entraide, de respect de l'autre. Un monde d'amour.

Au niveau de l'entreprise, par exemple, l'ancien monde se repère facilement : ce sont les endroits où les patrons considèrent toujours leurs employés comme des « moins que rien », comme juste des exécutants bons à faire le sale boulot, et encore !
Un monde de burnout, de surmenage, de stress, d'absence de vie personnelle. En quelque sorte un méga « métro-boulot-dodo » !

Aujourd'hui nous vivons une élévation des consciences, mais il y a encore une majorité d'humains qui, soit n'y croient pas, soit ne veulent pas en entendre parler, soit ne le voient tout simplement pas.
Ce n'est pas forcément toujours évident de réaliser qu'il y autre chose dans la vie que le pouvoir, l'argent, et le luxe.

ETRE et non AVOIR.

Donnez et vous recevrez ! Mais ne donnez pas pour recevoir. WoW, voilà une notion difficile à regarder en face pour beaucoup d'occupants de cette terre.

Le monde, tel que nous l'avons connu jusqu'à il y a quelques années est en mouvement, en transition. Nous parlons de plus en plus d'amour.

L'amour... Pendant longtemps j'ai associé ce mot au sexe, à la seule limite du conjoint.

Et puis, je suis tombé sur cette citation de Martin Luther-King :

« L'obscurité ne peut pas chasser l'obscurité; seule la lumière le peut. La haine ne peut pas chasser la haine; seul l'amour le peut »

Pour moi, cette citation résume à elle seule le nouveau monde en devenir. Envoyons de l'amour, nous recevrons de l'amour. N'alimentons pas la haine et la violence. Posons des intentions d'amour dès que nous le pouvons.

Et même si ça fait cliché, j'ai envie de vous dire : aimez-vous les uns les autres, aimons-nous les uns les autres !

Mon rapport à l'argent

D'aussi loin que je me souvienne, mon rapport à l'argent a toujours été compliqué.

Inutile de remonter à l'enfance, cette période n'est pas forcément une référence en terme de gestion de finances.

Partons du moment où je suis parti de chez ma mère pour aller faire mes études à Strasbourg. Je n'avais pas d'argent à proprement parler; ma mère payait mon loyer et mes charges, je disposais de son chéquier pour acheter ma nourriture et mettre de l'essence dans ma voiture. Je ne me souviens pas comment je gérais les « à côtés »...
Par contre, j'ai clairement des souvenirs de m'être fait des envies que je n'avais jamais pu m'offrir, faute de moyens financiers.

Puis il y a eu mon séjour en Nouvelle Calédonie. Pendant mes quatre mois de stage, j'étais rémunéré comme stagiaire, donc peu, et je sais que je me plaignais de ne pas avoir d'argent; il me manquait toujours quelque chose...

Pendant l'année où j'y suis resté, j'oscillais entre rentrées d'argent et grosses pénuries, travaillant en « extra » pour un traiteur local. Là encore, il me manquait toujours 1 franc pour en faire deux.
Nous habitions avec mon « demi-frère » et avons même passé une période où nous ne savions pas si nous allions réussir à dîner.

Pendant l'armée, je vous ai raconté que je vendais des plantes, achetées beaucoup moins chères en Hollande, pour me faire des sous, parce que j'en voulais plus.

Quand j'ai réellement commencé à travailler en arrivant sur Bordeaux, j'étais rémunéré uniquement à la commission, sans aucun fixe, les temps étaient souvent difficiles. C'est aussi à cette période que j'ai découvert, à mes dépens, les « joies » des crédits revolving !

Quelques mois plus tard, muté sur Perpignan, j'ai frôlé l'interdit bancaire, ayant découvert que les crédits se cumulaient sans soucis, et que faire des chèques avec des petits montants permettait de repousser les problèmes…

Et durant toute ma carrière d'hôtelier, je me suis toujours plaint de ne pas avoir suffisamment d'argent pour vivre, ce qui m'a valu, là encore, de souscrire des crédits à n'en plus finir.

J'ai toujours eu ces mots à la bouche : « Quand j'aurai de l'argent ».

Sauf qu'à un moment, il faut bien se rendre à l'évidence, plus de 40 ans plus tard, la situation n'évolue pas, et je suis toujours encore en train de courir après les billets.

Donc quelque chose doit coincer. Il doit y avoir quelque chose de bloqué. Et si ça venait de moi ?

D'autant que grâce aux différentes thérapies que j'ai suivi, en commençant par la biodynamique qui a été la première à m'ouvrir les yeux sur le sujet, il faut se rendre à l'évidence : si je n'ai jamais eu beaucoup d'argent, j'en ai toujours eu assez pour vivre !

Oui je sais, moi aussi ça me fait drôle d'écrire ça, alors que quelques chapitres avant je vous racontais notre incapacité à payer le loyer et notre obligation à quitter notre maison pour partir sur la route.

Il m'aura fallu un peu de temps, mais j'ai enfin compris : nous n'avons réellement jamais manqué d'argent. Nous avons, sans le savoir, fait une demande à l'univers qui nous a entendu, et qui l'a exaucée.

Rappelez-vous : nous rêvions d'une vie de nomades avec notre camion et notre caravane. Nous en parlions sans arrêt, mais nous n'arrivions juste pas à passer à l'action. Impossible de nous décider à le faire.

L'univers s'est chargé de nous offrir ce que nous souhaitions faire.

Juste WoW !

Demandez et vous recevrez. Selon la puissance de votre connexion avec l'univers, cette formule peut se transformer en

« pensez et vous recevrez ». Je vous promets que je fais attention à mes pensées, parce que des fois, je me dis que si là-haut ils pensent que je suis en train de formuler une demande, aïe, aïe, aïe !

Tenez, un exemple très récent, tout simple et tout bête. Lors du Live de Sylvain Carufel à St Sauveur, au Québec, une des personnes de la formation « Vivre de sa passion » discute avec moi le samedi. J'échange quelques mots avec elle, mais sans plus. Le lendemain, sous ma douche (c'est souvent l'endroit où il m'arrive beaucoup de pensées, idées, etc...), je suis traversé par la pensée qu'il faudrait que je discute un peu plus avec cette personne parce qu'elle m'avait paru vraiment sympathique, mais j'estimais ne pas avoir assez échangé avec elle.
Quelques heures plus tard, au moment où les deux cents personnes rentraient dans la salle, devinez qui vient vers moi pour me saluer et discuter ? Eh oui, gagné !

Et je n'avais fait qu'émettre une pensée.

Pour en revenir à notre soi-disant faillite personnelle, je suis persuadé que nos souhaits ont été exaucés, nous voulions vivre une expérience minimaliste. Mon épouse m'a toujours dit qu'elle se contenterait d'une cabane au fond d'un bois, ce dont j'ai longtemps douté avant de réaliser qu'elle disait la vérité. Et moi, j'avais besoin de vivre une expérience sans avoir. En tout cas, en supprimant tout le superflu dont je m'étais doté pendant toutes ces années. Toutes ces choses inutiles, mais que j'avais. J'en étais rendu à ne plus savoir quoi demander pour mes anniversaires et pour Noël, tellement j'avais tout !

Avoir, avoir, avoir... Je ne conjuguais que ce verbe à cette époque. J'ai ci, j'ai ça, et si je ne l'avais pas, j'allais l'avoir tôt ou tard.

Un jour, il y a assez longtemps de ça, je m'étais fait une réflexion.
J'avais envie, par exemple d'un nouvel ampli pour écouter de la musique avec un son de bonne qualité. Je regardais, je me renseignais pour savoir lequel j'allais pouvoir acheter sans me ruiner tout en ayant le meilleur rapport qualité-prix. Et puis le jour J arrivait : j'allais acheter mon « précieux ». J'arrivais avec à la maison, je le déballais, je l'installais, et j'écoutais ma musique. Le plaisir était certain, mais finalement très éphémère. Quelques jours

à peine après l'investissement, je me mettais à penser à la prochaine acquisition que j'allais faire.

Lorsque j'ai réalisé ça, j'ai pensé que c'était normal, que c'était ça la vie : se faire envie sans cesse de nouvelles choses. Finalement si tout ça existait c'était bien pour que les gens achètent, non ? Sinon, à quoi bon avoir créé une société de consommation.

Jusqu'au jour, qui a mis du temps à venir, où je me suis rendu compte que ce plaisir de l'avoir n'était pas LE vrai plaisir de la vie, ou du moins pas celui de MA vie.

Au final, j'avais tout : une femme avec qui j'étais heureux, des enfants merveilleux, nous étions tous en pleine forme, nous habitions dans une région où le soleil brille souvent, à quelques kilomètres de la mer. J'avais déjà tout, mais je me noyais dans encore plus d'avoir. L'avoir matériel, parce que c'est comme ça que j'avais grandi.
Il m'en fallait encore plus, mais je n'étais jamais satisfait de ce que j'avais.

Il me fallait toujours, toujours, toujours plus…

C'est ce qui est terrible et triste : plus j'en voulais, et plus j'en avais, moins ça me rendait heureux. Je consommais pour consommer.

Il y a un passage qui m'a marqué dans un film magnifique : « Into the wild ». Le moment où les parents annoncent à leur fils, jeune diplômé, qui vient d'être admis dans une grande école, qu'ils vont lui acheter une voiture toute neuve pour changer son vieux tacot. Sauf que lui n'a pas du tout la même vision des choses que ses parents : sa voiture roule, l'emmène d'un point A à un point B et c'est tout ce qui compte pour lui. Alors, ne comprenant pas la démarche de ses parents, il se met à répéter en boucle : « Toujours acheter, acheter, acheter, acheter… ».

Ce passage m'a vraiment interpelé parce que j'ai vu ce film à une période de ma vie où de gros changement étaient en train de s'opérer. Il m'a aidé à comprendre encore plus ce que j'étais en train de faire, tout en réalisant aussi, en voyant les parents de ce jeune, d'où je venais !

Issu d'une famille aisée, où l'avoir et le paraître ont toujours été essentiel et primordial : la voiture dans laquelle on roule, la marque de ses habits, les gens qu'on côtoie...

Donc, non, je n'ai jamais manqué de rien, j'ai toujours eu suffisamment d'argent pour subvenir à mes besoins et à ceux de ma famille, par quelque moyen que ce soit, même lorsque je devais recevoir l'aide de mes parents, il y a encore pas si longtemps que ça. Et je les remercie, ici encore, pour ça.

L'abondance est là !

C'est quoi l'abondance ? L'image de la corne d'abondance donne à mon goût une mauvaise idée de ce qu'est réellement l'abondance : une « corne » qui déborde de fruits. Pour illustrer correctement ce qu'est l'abondance, on devrait la représenter avec juste assez de fruits pour la remplir. Telle qu'on la représente, on devrait plutôt dire « surabondance ».

Malgré tout, vous êtes en droit de douter de mes propos, bien entendu, et ça, même quand je ne l'écris pas. Il est d'ailleurs primordial de garder son libre arbitre en toutes circonstances.

Tout est question d'interprétation.

Le Larousse définit l'abondance comme ceci : grande quantité de quelque chose, aisance procurée par des ressources importantes.
Alors que pour la surabondance, il parle de grande abondance et d'excès.

L'excès n'est bon dans rien.

Ma difficulté à admettre que j'étais dans l'abondance (je pourrais mettre cette phrase au présent, parce qu'à l'heure où j'écris, je n'ai pas encore tout-à-fait fini de régler cette problématique), c'est que pour moi abondance = ne manquer de rien. Soit par exemple, ne pas avoir des véhicules un peu vieillots, faute de pouvoir en acheter des plus récents, avoir une grande maison avec un grand terrain au lieu d'habiter en appartement avec un minuscule jardin au centre d'un village, c'est ne plus avoir de dettes, etc.

Oui mais, nous possédons deux voitures, certes un peu vieilles, avec des bruits de carrosserie, mais qui roulent. Nous avons un toit sur la tête. Nous avons assez d'argent pour régler nos dettes...

Nous avons donc tout ce dont nous avons besoin pour vivre.

Et là encore, j'ai compris quelque chose.

Si je n'ai jamais été en surabondance, c'est parce que jusqu'à présent je n'aurais pas été capable de la gérer. Jusqu'à il y a peu de temps, une grosse rentrée d'argent m'aurait fait capoté : j'aurais changé les voitures, mon ordinateur, la maison, etc... J'aurais flambé ! Je serais même peut-être retombé dans les anciens schémas de consommation.

Aujourd'hui je sais que lorsque l'argent rentrera en masse dans les caisses, il servira juste à ce dont nous avons besoin : finir de régler nos dettes, acheter une grande maison sur un grand terrain pour y réaliser notre projet, remplacer nos veilles voitures, mais pas forcément par des neuves, voyager pour rencontrer d'autres belles personnes et aider des proches qui pourraient en avoir besoin.

Voilà, ça c'est fait, mon message pour l'univers est imprimé dans un livre, et vous êtes tous témoins de ma demande officielle, bien que quelque peu dissimulée derrière une déclaration !

Regardez le nombre de gens qui ont gagné au Loto et qui ont « pété les plombs ». La vie m'a fait côtoyer des gens vraiment à l'aise financièrement. Je ne les ai jamais trouvés plus heureux que ça, en tout cas pas plus que moi. Toujours à manquer de quelque chose, que ça soit le dernier modèle de voiture en vogue, ou le business qui leur manque pour rester numéro 1. En apparence, très heureux, très épanouis, mais dès qu'on « gratte » un peu...

Et en amour, où en sont-ils ? Au niveau de l'être ?

Je vous ai parlé de mon beau-père, qui a toujours eu de l'argent de par ses parents, sa concession automobile et sa retraite d'ancien d'Algérie. Sa vie a été d'une tristesse effroyable ! Jamais heureux, jamais content, toujours à râler pour quelque chose.

Je ne vais pas non plus livrer le sempiternel « l'argent ne fait pas le bonheur », parce qu'aujourd'hui nous savons tous qu'il y contribue, mais il y a malgré tout beaucoup de vrai là-dedans.

Depuis cette prise de conscience sur ma surconsommation, et après être passé par le minimalisme, j'ai recommencé à consommer, mais complètement différemment, et sans me voiler la face quand il s'agit de se faire plaisir. Vous imaginez bien que dans mes domaines d'activité de photo et vidéo il faut du matériel, mais c'est mesuré et réfléchi. Ça a beau être professionnel, il n'est pas question d'acheter tout et n'importe quoi. Tout passe d'abord par la case : en ai-je vraiment besoin ? Est-ce que ça va réellement être utile ? Et si tout est aligné, alors on y va. En conscience.

Pendant mon Festen, j'ai fait une belle montée en conscience sur les raisons profondes qui m'empêchaient certainement d'être à l'aise financièrement. Enfin, une de mes nombreuses montées en conscience.

J'ai réalisé ça dès les premiers jours de travail.

Ma mère et mon père avaient peu d'argent lorsqu'ils se sont rencontrés, et ça a continué pendant qu'ils vivaient ensemble.
Par contre, malgré leur pauvreté financière, ils étaient deux parents ensemble !

Quelques années plus tard ma mère a quitté mon père pour celui qui allait devenir mon beau-père, financièrement très à l'aise. Sa séparation lui a donc fait trouver une certaine sécurité financière. Pendant ce temps, en parallèle de ça, on m'a écarté : Hollande, tantes, etc.

J'ai donc clairement le sentiment que je dérangeais, que j'étais un empêcheur de tourner en rond pour ma maman qui venait de rencontrer un homme de 15 ans son aîné, et qui se trouvait avec un fil à la patte, ou un fils si vous préférez ☺.

Par conséquence, est-ce que pour moi, sécurité financière ne serait pas synonyme de manque d'amour ?

Et si c'était le cas, il est logique que dans ma vie actuelle, remplie d'amour, la réussite financière bloque : il est inscrit en moi que je ne peux pas avoir les deux réunis. A tel point qu'avec ma première femme, nous n'avions pas réellement de soucis financiers, et nous avons divorcé. Encore un exemple d'association malheureuse.

Plus je me penche sur cette explication, plus elle me semble cohérente. Plus elle donne du sens à cette problématique qui me suit depuis toujours.

Je ne suis pas spécialement stupide, je sais faire pas mal de choses, je réussis plutôt bien ce que j'entreprends, mais sans plus. Je reste moyen dans tous les domaines que je touche. Comme si une interdiction d'aller plus loin planait au dessus de ma tête, une espèce d'interdiction de réussir.

Maître de son état

Parmi tous les enseignements que j'ai reçu pendant mon Festen, il y en a un qui est à la fois intéressant et parfois difficile à mettre en place.

On nous enseigne à observer l'état dans lequel nous nous trouvons au niveau émotionnel. Vous connaissez ça je suppose. On a l'habitude de dire : « Il y a des jours avec et des jours sans ».

Une des premières étapes consiste à monter en conscience sur ce point précis.
Nous traversons sans cesse des états émotionnels divers et variés en fonction de plein de facteurs personnels et extérieurs.

Par exemple, ce matin, avant de me remettre à l'écriture de ce livre, je ne me sentais pas au top de ma forme émotionnelle; idées sombres, pensées négatives, un peu de morosité. Dehors il fait un temps magnifique, alors que nous sommes en plein mois de février.
Il me faut changer cet état qui n'a aucune raison d'être : il ne s'est rien passé de significatif, pas de « mauvaise nouvelle », pas de maladie, rien... Juste levé du mauvais pied, sans aucune raison valable, ou du moins évidente.

Aussi, j'attrape mon zafu et je m'installe avec une autohypnose sur le thème : « soigner son passé ». Pourquoi avoir choisi ce thème ? Parce qu'il m'inspirait à ce moment-là.

Dès le démarrage de l'autohypnose, j'ai compris pourquoi j'avais choisi celle-là : la personne qui la guide nous parle de nos états émotionnels, et les compare avec le temps qu'il fait ! Souvent, nous sommes moroses quand il fait gris dehors; le temps est maussade, nous le sommes aussi. Quand il fait beau, nous somme plus souvent d'humeur joyeuse, et gaie.

Je suis aussitôt remonté en haut de mon arbre !

Hummm, là il faut peut-être que je vous donne quelques explications...

Pendant le Festen, l'état émotionnel est symbolisé par un arbre : plus vous êtes haut dans l'arbre, plus vous êtes au top, plus vous « rayonnez ».
L'idéal et l'objectif est de voler à quelques mètres au dessus de votre arbre.

Régulièrement la vie nous amène à descendre de l'arbre; de quelques branches, à parfois jusqu'à toucher le sol, voir à creuser !

Quand on commence à descendre, l'objectif est d'observer pourquoi on descend, pour travailler sur les raisons de cette descente et remonter le plus vite possible. Plus on descend bas, plus il est difficile de remonter, tout comme quand on descend d'un arbre : il est toujours plus aisé de remonter de quelques branches que de remonter l'arbre en entier.

Oui mais comment je fais pour remonter ? Comment je fais pour me remettre dans un état émotionnel positif ?

D'abord, il faut le vouloir.

Ça vous parait stupide de dire ça ?

N'avez-vous jamais remarqué que lorsqu'on a le moral dans les chaussettes, on a tendance, bizarrement, à accentuer cet état émotionnel ? On écoute de la musique triste, on regarde des

photos souvenirs qui nous maintiennent dans cet état morose, nostalgique...
Au lieu de chercher par tous les moyens à retrouver une énergie de joie, on fait tout l'inverse.

Pas d'inquiétude, c'est humain, nous sommes ici pour expérimenter, ne l'oubliez pas ! Et si vous ne vous retrouvez pas dans cet exemple, pas de soucis non plus, chacun son chemin.

J'ai beaucoup « fait la gueule » ! Enfant, je boudais, je n'étais jamais content, mais, de mémoire, c'était surtout lorsque j'étais avec ma mère... Vous pensez certainement que j'avais de quoi ne pas être content, oui, c'est sûr, mais je faisais vraiment la gueule plus que de raison, il faut quand même l'admettre...
Et surtout, ça m'a suivi jusqu'à il n'y a pas si longtemps que ça. Encore une des multitudes de choses que le Festen a changées chez moi.

Pendant longtemps, je m'exprimais comme ça : quand quelque chose ne me convenait pas, je me renfermais, et je faisais la tronche !

Sauf que j'ai poussé le bouchon jusqu'à me mettre dans cet état sans raison valable. Et à des moments où je n'avais vraiment aucune raison valable de le faire, enfin en tout cas, vu de l'extérieur. Par exemple, j'étais capable, alors que nous avions décidé de partir tous ensemble à la plage, de passer d'un état de joie (ça se comprend) à un état de morosité, en l'espace d'une respiration. Et tout ça se traduisait par une agressivité sans pareille vis-à-vis de tout le monde, et particulièrement de ceux avec qui je partageais ma vie. J'en profite pour les remercier de la patience qu'ils ont eu à me supporter pendant toutes ces années...

D'abord aveugle face à ces changements d'états émotionnels soudains, je suis rapidement devenu spectateur de mes changements d'humeur. Un spectateur impuissant; je me rendais bien compte que d'un seul coup d'un seul, je ne supportais plus rien ni personne, mais je ne savais pas quoi faire. Je n'arrivais pas à m'extraire suffisamment de la situation pour remonter en haut de mon arbre, pour me remettre dans une belle énergie de lumière.

Oui j'ai pourri la vie de pas mal de gens, et je me suis pourri pas mal de moments qui avaient tout pour être de beaux moments à cet instant-là.

J'aurais envie de dire : quel gâchis ! Tout ce temps perdu à râler, à faire la gueule, à bouder... A ne pas être content, pour un oui, pour un non...

Mais tout est juste, parce que je devais vivre ces moment-là et que je n'avais pas les outils nécessaires pour faire autrement. J'étais plein de colère. Et cette colère sortait sous cette forme-là.

Il existe plusieurs façons de retrouver le moral, la pêche ou la patate (appelez votre beau fixe comme vous l'entendez !).

Vous pouvez appeler un ami qui vous met dans cette énergie. Mais soyez certain de qui vous appelez; parfois les autres ont tendance à vous enfoncer encore plus.

La musique possède un réel pouvoir de nous remettre en haut de notre arbre. Changer de playlist sur votre lecteur MP3, et mettez des morceaux qui vous font vibrer, bouger, danser. Créez vous-même une playlist spéciale que vous appelez « Happy » par exemple, et faites une sélection des morceaux qui feraient bouger le plus triste des humains de cette terre.
Il existe une multitude de musiques qui répondent à ces critères, mais nous avons aussi celles qui nous sont plus propres, qui nous parlent plus.

Mais attention, encore une fois, il faut le vouloir. Personnellement, pendant mes périodes de spleen, j'ai longtemps préféré écouter des musiques qui me faisaient descendre encore plus, voire qui me faisaient pleurer.

Vous pouvez aussi regarder des bêtisiers sur Youtube, ou des vidéos de chats. Pourquoi de chats ? Parce que franchement, avouez qu'ils sont tordants, non ? Vous avez vu une de celles où ils ont peur de concombres ? Ces animaux sont à mourir de rire. Mais je vous l'accorde, la plupart des vidéos d'animaux sont marrantes. Nous avons la chance aujourd'hui d'avoir tout ça en abondance sur internet et souvent sur nous de surcroît, grâce à nos téléphones intelligents. Et non, les nouvelles technologies sont loin de n'avoir que des inconvénients. Mais ça, c'est un autre sujet, que je n'aborderai pas forcément ici…

Là encore, à vous de trouver les vidéos qui vous font rire, qui vous font remonter en haut de votre arbre, et qui remettent le soleil en vous.

Vous pouvez aussi, vous poser devant un film joyeux, marrant, devant un spectacle de votre humoriste préféré, ou partir en balade, avec vos enfants, votre chien ou votre poisson rouge ! Moins pratique, certes, mais ne perdez pas l'objectif de vue : vous redonner la pêche… Euh, non vraiment, pas de mauvaise blague avec le poisson rouge… C'était juste que si ça vous fait plaisir de le sortir, faites-le !

J'ai cité ces possibilités en dernier parce qu'elles sont moins évidentes à mettre en oeuvre. Autant, même en travaillant en entreprise, vous pouvez (vous devez !) vous autoriser une pause pour regarder des vidéos de 5 à 10 minutes, autant il me parait beaucoup plus compliqué de regarder un long métrage de 2 heures, ou alors, vraiment, votre patron est cool !
Ne me dites pas que vous ne pouvez pas prendre 5 à 10 minutes, sinon je vais parler des temps de pause que prennent régulièrement les fumeurs… Si vous êtes fumeurs et que vous prenez déjà des pauses pour vous adonner à votre addiction, alors pensez à le faire en regardant des vidéos sur Youtube !

C'est vrai que depuis 5 ans bientôt, je me suis offert une vie différente, une vie de liberté. Je travaille beaucoup à la maison, et je gère donc mon temps comme bon me semble. Rien ne m'interdit de profiter du soleil la journée et de travailler jusqu'à deux heures du matin. Je remercie souvent pour ça, j'ai vraiment beaucoup de chance, même si j'ai provoqué cette chance, et que ça n'a pas toujours été facile.

C'est juste WoW !

Gratitude

Dire merci. Merci pour quoi ?

Je crois qu'on a tous des tas de raisons de dire merci. Merci pour la belle journée qu'on vient de passer, merci pour la vie que nous avons, merci d'être là, juste ça. N'est-ce pas un magnifique cadeau que d'être incarné ?

Un jour, il y a quelques années de cela déjà, mon épouse me fait une réflexion : « En fait, c'est ici le paradis dont on parle ».

J'ai capoté ce jour-là ! Je me suis vraiment demandé ce qu'elle entendait par là. Nous avions des dettes, habitions dans une maison qui n'était pas la nôtre, n'avions pas les moyens de partir dignement en vacances... Mais elle me parlait de paradis.

Traduisons ce que je viens de dire avec des yeux neufs : nous habitions dans le Sud de la France, dans une région où la période hivernale se résume à quelques gelées, où nous avions passé un Noël en bermuda sur notre terrasse à faire un barbecue... Notre maison était grande, nous avions un jardin, une piscine, la montagne à quelques kilomètres, la mer à un quart d'heure, j'avais un travail, des enfants, une femme aimante, des loisirs, j'avais la santé... Hou la la, quel enfer !

Elle avait raison, le paradis, nous y sommes. De quoi pouvons-nous rêver de mieux ? Un jour, j'ai lu que les esprits nous enviaient parce qu'ils n'avaient pas la chance de goûter aux plaisirs charnels : manger, boire, sentir la chaleur sur notre peau, faire l'amour, respirer...

Tout ça est juste WoW !

Bien sûr je ne connais pas votre situation. Peut-être venez-vous de perdre un être cher, peut-être avez vous perdu votre emploi, peut-être êtes-vous atteint d'une maladie grave. Mais l'objectif de ce bouquin, est justement de vous redonner espoir. Vous pouvez vous créer un monde meilleur, en commençant par vos pensées.

Et je crois vous l'avoir déjà dit : la pensée est créatrice, alors...

Remerciez, remerciez et remerciez encore. Pour tout ce que vous avez, et pour tout ce que vous allez avoir.

Quelqu'un a dit : « N'attendez pas d'avoir obtenu ce que vous voulez, remerciez dès à présent ». J'adore cette idée, parce que ce que nous avons est déjà très beau.

Ma créativité

Ma quoi ??

Vous l'aurez compris, je suis né et j'ai grandi dans un environnement familial où ce mot n'avait pas vraiment sa place. Enfant, je n'ai pas vraiment rencontré de personnes axées sur l'art, que ce soit en musique, dessin ou autre.

Il n'a jamais été question de m'apprendre quelque instrument que ce soit. Ça ne faisait juste pas partie de la vie de mes « éducateurs », que ce soit chez moi, ou en Hollande.

Pour mes 12 ans, je crois, j'ai quand même demandé un petit synthétiseur, sur lequel je me suis amusé à jouer quelques morceaux, mais c'en est resté à un état embryonnaire. Et c'était OK pour moi. Pas de soucis, je ne pense même pas m'être posé la question ou avoir ressenti un quelconque manque de ce côté-là.

Et pourtant, je me prenais souvent à rêver monter sur une scène devant plein de gens qui m'applaudiraient, après que je leur ai joué des solos de guitare endiablés. Je me voyais déjà en haut de l'affiche... Comme dirait Charles ! (Et désolé pour les jeunes lecteurs qui ne suivraient pas...)

Il est aussi fort probable que j'ai eu ce genre de pensées pour « être quelqu'un ». Pour exister, pour être vu et regardé.
Rappelez-vous l'enfant que j'étais. Rien de ce que je faisais n'était bien : je n'étais pas assez bon à l'école, puis plus tard, je ne

pratiquais pas les sports qu'il fallait, je ne me comportais pas comme j'aurais dû...

Juste pas WoW !

Imaginez la valeur que j'a développée. Le regard que j'ai longtemps, très longtemps, porté sur moi. J'ai guéri il y a vraiment très peu de temps. Et encore, il en reste...

Chers parents qui lisez ce livre, croyez-moi, les mots que vous dites à vos enfants sont lourds de conséquences, bien plus que vous ne pouvez l'imaginer.

« TU es comme ci, TU es comme ça, TU ne fais pas ce qu'il faut... »

Il serait temps de laisser l'enfant s'exprimer en tant qu'être à part entière. Il a tout en lui, il a juste besoin d'être guidé, pas dirigé. N'oublions pas que nous sommes sur terre, incarnés, pour expérimenter de nouvelles choses, mais il se peut que notre âme soit très ancienne. Nos enfants ont peut-être bien plus de vécu que nous au final.

Je me fais souvent cette réflexion quand je vois et j'entends les réflexions de notre petit dernier. A trois ans, vous seriez surpris de voir avec quel aplomb il est capable d'affirmer des choses dignes d'un adulte évolué. Je suis convaincu que s'il s'exprime ainsi, c'est parce qu'il sait déjà. Il est conscient de beaucoup de choses.

Les enfants, tout comme nous l'avons fait avant eux, nous ont choisi dans cette vie-là pour expérimenter, et pour nous faire grandir. On appelle ça des « contrats d'âme ». Ça peut paraître bizarre de lire ça, surtout quand on voit ce que certains vivent, ce que j'ai vécu, ce que vous avez peut-être vécu.

Pour évoluer, pour monter en conscience, il faut descendre d'autant, alors imaginez...

Je ne sais pas si je vous ai dit que j'étais « tombé » dans l'informatique à l'âge de 7 ans, soit dans les années 1977. A l'époque on était loin des iPad, téléphones intelligents, et de tout ce qu'un ordinateur est capable de faire aujourd'hui. C'était de le B.A.BA de l'informatique.

Un jour, pour les besoins de mes maigres études j'ai eu la chance de me faire offrir mon premier vrai ordinateur. J'étais aux anges. Et bien sûr, je n'avais ni fin, ni cesse à la maison, de seriner tout le monde avec mon nouvel outil.

Jusqu'à ce que l'ainé des deux fils de mon beau-père ne dise : « Ça ne sert à rien ça »... C'était autour des années 90.

Quelques années plus tard, au début des fichiers MP3, j'ai aussi croisé un vendeur dans une boutique d'électronique qui m'a dit : « Faites attention, c'est une mode, ça va passer, ça n'a pas d'avenir ! ».

Heureusement que j'ai été beaucoup guidé dans ma vie, et que sans le savoir, j'ai commencé à suivre mon intuition il y a bien longtemps. Aujourd'hui je gagne bien ma vie grâce à mes connaissances informatiques qui n'ont fait qu'évoluer durant toutes ces années.

Pour en revenir à ma créativité, en fait, elle était là, mais je ne la voyais pas. Je ne voulais pas la voir peut-être. Heureusement, parce que je ne pense pas que ça ait pu trouver une place dans ma vie d'enfant. En tous cas, pas dans ma vie d'enfant comme la voyait ma maman.

Tout ce qui comptait c'était d'avoir des bonnes notes et de réussir sa carrière professionnelle, pas de faire de la musique.

D'ailleurs mon demi-frère, avec qui je suis parti en Calédonie quelques années plus tard, lui, a toujours été attiré par le dessin, et plus tard la musique. Il faisait de magnifiques dessins étant petit, et plus tard s'est beaucoup intéressé à la musique, il a même monté un groupe, dans lequel il était chanteur. Jamais ça n'a intéressé qui que ce soit dans la famille. Ça n'avait pas de valeur à leurs yeux. D'autant que son style musical, le punk, n'était pas forcément pour leur plaire. Aujourd'hui, il a une collection de vinyles impressionnante, qui en ferait pâlir plus d'un. Imaginez ce que serait devenue sa vie si on l'avait encouragé dans cette voie artistique. Personne ne le sait, mais dans tous les cas, n'oubliez pas : tout est juste, c'était ce qu'il avait à vivre.

Lorsque je suis arrivé à Toulouse, avec mon ex-femme, la guitare a vraiment commencé à me démanger, mais je n'en avais pas.

Alors je me suis mis en tête d'en acheter une sur un marché aux puces. Ma première guitare a été une guitare type espagnole, avec trois cordes nylon, trois cordes métal. Je me suis acheté une méthode, et j'ai commencé à travailler : accorder ma guitare, jouer quelques accords, essayer de jouer des morceaux simples. J'ai fait ça de façon plutôt assidue pendant à peu près six mois, jusqu'au jour où j'ai demandé à mon ex-femme comment elle trouvait ce que je jouais. Sa réponse a été lourde de conséquences, n'ayant pas encore suffisamment travaillé mon estime de moi à l'époque pour réagir autrement que ce que j'ai fait. Elle m'a regardé et m'a dit : « En fait, ça me saoule ».

Pas WoW !

J'ai rangé ma guitare et ne l'ai jamais ressortie, dans cette vie-là en tout cas.

Quelques temps plus tard, un ami m'a prêté sa guitare folk, mais il ne l'a jamais récupérée. Elle est donc toujours là...

Lorsque j'ai rencontré ma seconde épouse, je suis tombé dans une famille d'artistes ! Ma belle-mère a organisé des spectacles historiques magnifiques, a fait de la danse, de la musique, donne des cours de théâtre... Mon beau-père était un pianiste hors pair, ma belle-soeur est chanteuse lyrique, avec une voix extraordinaire, et mon épouse est amoureuse de toute forme d'art : musique, dessin, chant, activités manuelles...

J'allais enfin pouvoir m'exprimer.

Alors j'ai dépoussiéré ma guitare, et j'ai commencé à travailler un peu de temps en temps. A noter qu'au moment où j'écris ces lignes, je ne savais pas jouer le moindre morceau, je savais tout juste enchainer deux ou trois accords, sur lesquels je m'amusais à faire des petites improvisations.
Mais la grande différence c'est qu'à chaque fois que je sortais ma guitare, mon épouse me regardait en souriant : « Ah chouette, de la musique ».

C'est symbolique mais aujourd'hui, j'ai rendez-vous avec quelqu'un qui donne des cours par Skype, dans deux heures exactement. Peut-être que lorsque vous serez en train de lire ce livre, j'aurai déjà sorti un album !

Je plaisante, ce n'est pas mon objectif. J'ai juste envie de savoir jouer quelques grands classiques, pour accompagner ma famille qui chante dès que l'envie lui en prend. En mode « feu de camp ».

Et puis, nos enfants sont assez attirés par cet art : ma fille fait de la trompette, mon aîné des percussions, le second chante très juste et le petit dernier aime beaucoup jouer les hommes-orchestre en se baladant dans la maison, avec sa guitare, un mini djembé entre les jambes et une flûte dans la bouche.

Aujourd'hui voilà donc un côté de moi qui était resté enfoui très longtemps qui a réussi à sortir, à s'exprimer.

Au-delà de la musique, j'aime faire des dessins (j'ai créé des T-shirt), de la pyrogravure, de la sculpture sur bois au couteau, fabriquer des bracelets..., bref, mon cerveau droit s'est éveillé depuis quelques années, et je trouve ça très épanouissant.

Ça aussi, c'est le nouveau monde dont je parle un peu plus haut...

L'exemple de la piscine

Quand j'étais enfant, j'étais comme beaucoup d'enfants je pense, je voulais que ma mère voit ce que je savais faire. Quand j'ai été en âge de prendre des cours de natation, elle m'a inscrit à la piscine de notre petite ville. Très rapidement j'ai eu envie qu'elle voit les progrès que j'avais fait.
En sortant de mon cours, un samedi matin, je lui en ai fait part. Elle m'a promis qu'elle viendrait avec moi le dimanche matin suivant.

Evidement, j'étais surexcité, et j'aurais voulu me réveiller une semaine plus tard, pour aller à la piscine avec ma maman, qui allait enfin voir ce que je savais faire.

Du coup, je lui en parlais tous les jours.

A mesure que la semaine avançait, l'affirmation de sa venue s'est transformée en peut-être. Mais comme un OUI avait été posé auparavant, je ne me suis pas inquiété.

D'autant qu'en Hollande mon oncle me disait toujours que lorsqu'on avait dit « oui » il fallait s'y tenir. Sinon, il fallait dire « peut-être » ou « non ».

Il m'a prouvé qu'il tenait parole au-delà du raisonnable un jour de mon anniversaire (vers 10 ans) : il m'avait promis que nous irions en bord de mer pour ce jour de fête. Nous avions une petite heure de route, et ils avaient pour seul véhicule un petit camping-car. Le temps était très venteux, plus que d'habitude. En partant, mon oncle a branché la radio, comme il faisait régulièrement en prenant la route. Là j'ai entendu les informations qui diffusaient un bulletin d'alerte météo qui conseillaient à tous véhicule de type caravane, mini bus, camping car ou plus gros de ne pas sortir, à cause de très grands vents attendus sur toute la Hollande.
Je l'ai alors interrogé sur la raison pour laquelle nous n'étions pas restés chez nous.
Sa réponse m'impressionne encore : « Parce que je t'ai dit que nous irions en bord de mer pour ton anniversaire ». J'avoue que c'était un peu poussé à l'extrême, mais il était comme ça.
Ce n'est que lorsque j'ai dit que je préférais qu'on rentre que nous avons fait demi tour.

Revenons-en à l'histoire de la piscine…

Le samedi matin suivant, quand j'ai reparlé à ma mère une ultime fois de notre séance de piscine ensemble le lendemain matin, non seulement elle m'a dit qu'elle ne viendrait pas, mais elle m'a engueulé, parce que je ne comprenais pas qu'elle était débordée, et qu'elle n'avait pas que ça à faire…

J'étais extrêmement déçu du fait qu'elle ne vienne plus, qu'elle ne respecte pas sa parole, mais en plus je me faisais remonter les bretelles. Comme si, moi, enfant de 5 ou 6 ans, j'étais pour quelque chose dans son emploi du temps.

Posez-vous la question, si cette histoire vous parle. Est-ce que vous avez déjà eu ce genre de comportement avec vos enfants ? Prenez-vous régulièrement des moments pour les regarder ? Pour leur donner de l'importance ?

Personnellement cette histoire n'a été que la première d'une longue liste de non attention à ce que je faisais. J'ai toujours été comme transparent.
Quand je dis toujours, c'est toujours, ça veut dire que rien n'a changé, ou, du moins, si, tout a changé. Parce que c'est moi qui ai changé mon regard sur elle. C'est la façon qu'elle a eu de m'aimer, elle n'a jamais su comment faire autrement, elle a fait de son mieux, et c'est OK.

Mais ça m'a pris de longues années pour monter en conscience là-dessus, pour ne plus lui en vouloir, et surtout pour ne plus chercher à la changer. Parce qu'il n'est pas possible de changer l'autre. Si l'autre nous dérange, c'est parce qu'il vient résonner avec notre nous profond. C'est que nous avons quelque chose à régler. Et tant que nous ne l'avons pas réglé, une nouvelle situation se présente à nous pour que nous la réglions.

Je vous ai dit que je ne buvais plus d'alcool depuis environ deux ans.

Souvent dans ma vie, j'ai fait des break d'alcool, juste pour voir où j'en étais. Est-ce que j'étais capable de ne pas ingurgiter d'alcool ? N'étais je pas devenu « alcoolique » même sans m'en être rendu compte ? Finalement quand on consomme quelque chose tous les jours, c'est qu'on ne peut pas faire autrement, non ? C'est qu'on ne peut pas s'en passer.

A chaque fois que je me décidais à faire une pause dans ma consommation, c'était toujours pour vérifier quelque chose, pas vraiment parce que j'avais décidé en mon âme et conscience que c'était bien pour moi. Je n'étais donc pas tout-à-fait en phase avec ce que je faisais.

Du coup, pendant ces périodes, à chaque repas professionnel, ou invitation chez des amis, je recevais des réflexions de la part des autres concernant mon abstinence alcoolique : « Allez, tu prendras bien un p'tit verre ! Mais enfin, tu déconnes, là... ». Et ça me mettait profondément mal à l'aise.

Depuis que j'ai stoppé ma consommation d'alcool, par décision entre moi et moi, je me suis rendu compte, il y a peu de temps que je ne croisais plus personne qui venait me titiller sur le fait que je ne boive pas d'alcool. Les gens me laissent tranquille.

Simplement parce que j'ai réglé ce problème avec moi-même; je suis en phase avec ça, donc je n'ai plus à travailler quoi que ce soit sur ce point là. Les autres n'ont donc plus rien à me renvoyer.

Intéressant, non ?

On va pouvoir réfléchir à plein d'autres exemples dans sa vie : pourquoi je suis la mode ? Pourquoi je m'habille comme ça ? Pourquoi j'écoute telle ou telle musique ? Pourquoi je mange comme ci ou comme ça ?

Est-ce que je fais mes choix pour moi ou pour les autres ?

Qu'est-ce que j'ai à prouver ? Est-ce que j'ai peur de me sentir exclu si je ne suis pas comme tout le monde ?

Soyez vous-même !

C'est certainement une de mes plus belles avancées dans mon chemin de croissance personnelle : me libérer du regard des autres.

Nous sommes conditionnés dès le plus jeune âge à agir en fonction du regard de l'autre. Enfant, si on n'est pas « leader », et suivi par les autres, et bien, on passe dans le clan des suiveurs, et on subit.

Et ça peut nous poursuivre une grande partie de notre vie.

Je ne dis pas qu'il faut obligatoirement être un leader. je dis juste qu'il me semble intéressant de faire ses propres choix sans devenir un suiveur.

Prenons comme exemple la mode. C'est quoi la mode, si on analyse bien le phénomène ? En fait ce sont des créateurs qui

décident ce que la majorité va porter pour les six mois à venir. D'ailleurs si vous observez bien, la mode revient. Les rayures, les carreaux, le jean, le fluo… Tout revient, c'est un cycle.
A un moment porter des vêtements fluo est un must, mais l'instant d'après c'est « has been ». Si on réfléchit deux secondes à la situation, ça n'a pas de sens. Pourquoi est-ce qu'il en serait ainsi ?

Le commerce et la société de consommation sont grandement responsables du phénomène. Aujourd'hui, le fléau touche même nos cher téléphones intelligents. Baladez-vous avec un vieux Nokia qui ne fait que téléphone, et vous verrez que les remarques ne tarderont pas à fuser… C'est vrai que c'est vraiment stupide d'avoir un téléphone qui ne fait que téléphoner…

On peut étendre l'observation, par exemple à la nourriture. J'ai plusieurs expériences de modes d'alimentation à mon actif.

Avant de vous parler de véganisme, prenons l'exemple du café. Quand je suis rentré dans le métier de l'hôtellerie, on aurait dû me prévenir qu'il y avait une obligation de consommer de ce breuvage. Comme j'ai rarement fait les choses à moitié, LE café, s'est souvent traduit par les dizaines de cafés par jour ! Et surtout quand j'étais fumeur.
Imaginez avoir une machine à café mieux que celles à capsules, à disposition toute la journée… Si vous êtes un minimum amateur, c'est tentant, vous en conviendrez.

Le matin, quand on arrive au travail, on prend un café, quand un responsable ou un collègue arrive, un peu plus tard, on prend un café, quand on part en entretien avec un collaborateur, on lui propose un café, quand on fait une pause, on prend un café, après le déjeuner, avec un client, un fournisseur, etc. On prend sans arrêt des cafés.

Régulièrement je fais des breaks dans ma consommation de café, parce que je me rends compte que ça ne me fait pas forcément que du bien d'en boire au quotidien. Souvent je faisais ça après mes vacances d'été, après avoir bien décompressé, je voulais rester dans un état « zen », et je reprenais le boulot en mode « thé »

Du coup, le matin, il faut immédiatement avertir de ce changement pour ne pas qu'on vous fasse automatiquement couler un café ! Presque il faudrait envoyer un mail général avant

de reprendre le travail : « Attention, changement important dans le mode de vie du directeur : il ne prend plus de café. Merci de passer l'information autour de vous » !
Et que boit-on à la place du café ? Et bien souvent, un thé…

Incroyable de voir ce que ça peut provoquer chez les autres de voir que vous vous êtes mis à la mode anglaise… Pour le gars derrière le bar qui vous sert, c'est une haine féroce qui se développe, parce que si à la maison, on se fait couler de l'eau chaude sur un sachet dans une tasse, dans un restaurant, bar ou hôtel, il y a des façons de servir le thé. A savoir : théière, soucoupe, grande tasse, sachet… Toute une mise en place qui a toujours énervé les serveurs dont j'ai fait partie, moi aussi en mon temps.

Mais au-delà de ça, ce sont les regards, ou les réflexions qu'on prend parce qu'on a enfreint une règle importante dans ce métier : un homme boit du café !

Idem pour l'alcool dans un repas d'affaire…

Venons-en au mode d'alimentation. Nous sommes encore aujourd'hui dans un monde où il est de mise de manger beaucoup de viande, de laitages, etc. Loin de moi l'idée de faire ici un exposé sur la viande ou les laitages, même si ce n'est pas l'envie qui m'en manque, ce n'est pas le sujet de ce livre.
Toujours est-il que dans les années 2010, j'ai eu une première prise de conscience, due à une intoxication alimentaire sévère suite à la consommation d'un steak tartare dans un restaurant qui a connu pas mal de déboires dans les années 2000 à cause de la vache folle. Sincèrement, je me suis vu mourir. Je ne crois pas m'être senti aussi mal que ce week-end là.

Du coup, je me suis renseigné et documenté sur l'alimentation des végétariens. Mon épouse n'ayant jamais été une véritable amatrice de viande, nous avons franchi le pas, et nous avons arrêté notre consommation de viande. J'ai bien dit « de viande », ce qui signifie que nous continuions à manger du poisson, à l'époque.
Et ça déjà c'est compliqué pour « les autres », parce que nous étions difficile à mettre dans une case. Ni végétarien, ni « je-ne-sais-quoi-tarien ».

Hummmm embêtant de ne pas pouvoir vous qualifier de quelque chose.

Imaginez ce que j'ai pu vivre dans le milieu professionnel… Le café déjà c'est bizarre, mais la viande, non, sérieux ?

Et puis, courant de l'été 2015, nous avons rencontré sur un festival un couple de « frugivores crudivores ». Ce sont des gens qui ne mangent que des fruits et des légumes : pas de pâtes, pas de pain, pas de riz, évidement rien d'origine animale.

Ça m'a parlé ! Aussi, après avoir partagé un repas avec eux, je me suis lancé tête baissée dans ce mode d'alimentation qui m'a amené beaucoup de bien-être : moins de problèmes ORL, moins d'allergies, meilleure forme et sommeil, et perte de poids impressionnante, soit près de 15 kilos en 4 mois.

Bien qu'étant déjà indépendant, je déjeunais régulièrement avec des professionnels, dans le cadre de réunions, de mes formations, etc. Et puis il y a aussi les autres, amis, famille. Qui, eux, ne comprennent absolument pas ce qui vous arrive. Mais il est fou ou quoi celui-là ?
Ce n'est même plus du véganisme à ce niveau-là, c'est de l'extrémisme.

Puis, petit à petit, j'ai relâché la bride, en réintroduisant dans mon alimentation des pâtes, farines, riz, un bout de fromage de temps en temps, voire un bout de poisson, voire même, ô sacrilège, un bout de jambon…

Lors de ma première expérience de « pas de viande », j'ai pris mon bâton de pèlerin et j'ai expliqué à tous ceux qui voulaient l'entendre, ou pas, d'ailleurs, que c'était mal de manger de la viande, et qu'il fallait absolument arrêter. Je publiais des images horribles sur Facebook, je voulais choquer. Mais je me prenais à mon propre piège, parce que je m'enfermais dans quelque chose dans lequel je ne voulais pas forcément être : le manque de souplesse. Obligation de respecter ce que je voulais imposer aux autres. Et quand on agit de la sorte, forcément, les gens sont attentifs à ce que vous faites, et si vous vous « loupez », en tout cas, vis-à-vis de votre discours, si vous ne faites pas ce que vous dites, eux ne vous loupent pas !

J'ai réitéré pour mon expérience de « frugivore crudivore » mais un cran en dessous, puis j'ai grandit !

Enfin, j'ai compris que chacun devait être libre de faire ce qu'il veut.

Oui, c'est une réalité, l'homme consomme beaucoup de viande, et c'est une des causes du dérèglement climatique, et non la consommation de viande n'est pas une obligation. Je suis sûr que vous savez tout ça, et si ce n'est pas le cas, il y a pleins de documentaires et de bouquins qui traitent du sujet. Je vous mets les références du dernier que j'ai vu.

Mais ce que j'ai compris, il n'y a pas si longtemps que ça, c'est que ce n'est pas en forçant les gens qu'on arrive à quoi que soit. Il y a moins d'1% de vegan sur terre, pensez-vous réellement que les gens vont arrêter de consommer de la viande du jour au lendemain comme ça ? Non, sûrement pas en les harcelant sans cesse.

Chacun a le droit de vivre ses expériences, en conscience.

Revenons-en au regard de l'autre.

Après toutes ces années où les gens ont cherché à me mettre dans une case, j'ai lâché, je me suis libéré de ça. Vous voulez me mettre une étiquette par rapport à ma façon de m'alimenter ? Amusez-vous bien, ça va être compliqué, parce que je mange un peu de fromage, il m'arrive de manger une pizza avec du jambon, j'aime les gambas et les noix de St Jacques…
Mais je mange très peu de tout ça; mon alimentation est composée principalement de fruits et de légumes.

Alors je suis quoi ?

Un nouveau terme est apparu pour définir ma façon de manger : je suis « flexitarien » ! C'est quand on mange un peu de tout. Bon, en gros tout le monde est flexitarien si on passe par là.

Moi j'ai plutôt envie de dire : « Je suis moi, et je mange comme je veux ».

Tout comme, je m'habille comme je veux, comme ça me fait plaisir.

A la relecture (la cinquième je crois...), je dois ajouter ceci : je mange et m'habille en conscience. Dans un grand respect de l'animal, parce que c'est principalement cette raison qui m'a poussé à ne plus manger de produits d'origine animale. Et quand je fais un « écart », toujours selon mes convictions, je remercie l'animal d'avoir donné sa vie pour me permettre de me nourrir, de m'habiller, etc. Vous avez vous Avatar ? Et bien voilà...
Mais, non je ne jetterai pas ma veste en cuir que j'ai depuis une quinzaine d'année, ni mes ceintures ou mon portefeuille... En agissant de la sorte, j'ai le sentiment de rester cohérents vis à vis de moi-même, et c'est essentiel.

Dernièrement, j'étais avec ma fille de quinze ans, et j'avais besoin d'un jean. Elle m'a donc emmené faire les boutiques. Problème : j'aime les jeans de forme regular, mais ce n'est pas la mode. Je ne suis pas spécialement fan d'acheter un jean déjà troué, mais c'est la mode... Donc galère pour me trouver un pantalon vieux comme le monde à la base.
Et ma fille voulait absolument me faire acheter un jean « slim ». Pour lui faire plaisir, j'en même essayé un ou deux. « Oh ça te va bien Papa ». Ben oui, mais je ne me sens pas à l'aise dedans... Est-ce que du coup, je vais devoir passer des jours entiers à ne rêver qu'à la fin de journée, quand je pourrai enfin enlever ce satané jean serrant, parce que « c'est la mode » ?

Non ! Bien sûr que non.

Vraiment, je vous invite à être vous-même. Habillez-vous comme bon vous semble, mangez comme bon vous semble, coiffez-vous comme bon vous semble... Bref, vivez ! Soyez ! Tout en respectant VOS convictions, pas celles des autres.

Libérez-vous du regard des autres.

Vous saurez que vous en êtes libérés, quand ils arrêteront de vous faire des remarques sur ce que vous faites. Quand on est en phase avec qui on est vraiment, avec sa vraie nature, alors, les autres arrêtent de vous faire des remarques, de se moquer en quelque sorte.

Juste WoW !

Je vous souhaite vraiment de connaître ça, parce que ça fait un bien fou. Etre qui on est vraiment, ne pas se soucier de ce que l'autre pense de vous. Excellent !

Les autres font miroir

C'est certainement le point sur lequel j'ai eu le plus de mal dans mon évolution, et je dois même avouer, que c'est le point qui me pose encore soucis par moment.

Dire que les autres font miroir avec nous, c'est-à-dire qu'ils viennent nous renvoyer exactement ce que nous avons à travailler chez nous.
J'ai découvert pendant mon Festen, la méthode Ho'oponopono, issue d'une tradition ancestrale hawaïenne.

Qu'est-ce donc ?

A l'époque, dès qu'un problème relationnel surgissait au sein d'une communauté, une réunion était organisée en présence d'un prêtre afin que chaque membre de la communauté puisse s'exprimer. Puis chacun prenait conscience de ses pensées erronées à l'origine des problèmes et demandait pardon aux autres. Ce procédé a été adapté à notre société moderne. Il est possible d'utiliser ce rituel de pardon et de réconciliation avec soi-même sans l'aide d'un intermédiaire.

Nos pensées créent notre réalité. Il s'agit de comprendre et d'admettre que tout ce nous rencontrons dans notre vie n'est que le reflet de quelque chose qui se trouve à l'intérieur de nous. Nous sommes les créateurs de tout ce qui nous entoure et de tout ce qui se déroule dans notre vie .

Vous imaginez ?

Accepter l'idée que nos pensées sont à l'origine de la plupart de nos problèmes. Nous en sommes responsables !

Du coup, en modifiant nos pensées, nous pouvons changer notre réalité.

A chaque fois que nous rencontrons une situation déstabilisante ou dérangeante, pour laquelle nous ressentons une émotion avec laquelle on n'est pas « à l'aise », il convient d'aller chercher pourquoi.

Ho'oponopono, se pratique sur la base de ces quatre mots : « Désolé, Pardon, Merci, Je t'aime ».

Je vais prendre un exemple, ça sera surement plus parlant que de longues explications.

Je suis au travail, et mon patron passe dans mon bureau. Il me lance assez sèchement : « Il en est où le dossier que je vous ai demandé ? ».

Vous prenez cette demande comme une agression, et vous vous sentez mal.

D'abord, le fait qu'il l'ait dit « sèchement » vous appartient. Réellement, c'est vous qui l'avez reçu de la sorte, vous ne pouvez pas savoir avec quelle intention votre patron, soit l'autre, vous l'a envoyé.

N'avez-vous jamais remarqué que parfois, lorsqu'on est plusieurs à vivre une même situation, nous ne prenons pas les choses avec la même intensité, alors que nous avons tous vécu exactement la même scène ?

Par ailleurs, dans la question de votre patron, au-delà de l'intonation qui vous a déplu, n'y a-t-il pas aussi quelque chose avec le contenu de la phrase ?

Quand j'étais en activité, quand un de mes supérieurs me posait ce genre de question, aussitôt, au moins un de mes enfants intérieurs se mettait en réaction. Je me retrouvais instantanément ramené à mon enfance. Vous connaissez maintenant mon histoire, alors vous comprenez mes pensées à ce moment :

« Ai-je fait mes devoirs ? Est-ce que je les ai fait correctement ? Sinon, est-ce que je vais me faire punir ? Est-ce que je vais me faire frapper ? »

Eh oui, chers lecteurs, voilà exactement ce qui se passe en nous lorsqu'une situation nous dérange… Ça vous parle mieux maintenant ?

Traduit au moment où mon patron passe, le grand Axel, l'adulte transpose et se dit :
« Ai-je fait le travail demandé ? Est-ce que je l'ai fait correctement ? Sinon est-ce que je vais prendre une sanction ? Est-ce que je vais me faire licencier ? »… Et donc, si licenciement, plus d'argent pour vivre…

Juste WoW quand on prend conscience de tout ça ! Tout est lié.

J'ai souvent fait remarquer à mon épouse que je trouvais qu'elle me parlait mal (à un instant T, rassurez-vous, pas tout le temps !). Sa réponse à quasiment toujours été : « Non, je n'ai pas le sentiment d'être agressive et de mal te parler. Je trouve que tu exagères ».

A y regarder de plus prêt, chaque situation qui m'amenait à lui dire ça, était similaire à des moments de ma vie que j'avais mal vécu. Il y avait résonance avec une situation vécue, dans sa façon de me le dire, dans la formulation de ses phrases. Mais en aucun cas, son intention n'était de mal me parler.

Nous avons tous notre façon de nous exprimer, et je vous accorde qu'il est bien plus agréable de côtoyer des gens gentils plutôt que des gens qui parlent sèchement et avec agressivité.

Mais ce que je voudrais vous faire comprendre, c'est que si vous les rencontrez, ce n'est pas un hasard : ils viennent vous faire travailler quelque chose.

Ce patron qui vous parle sèchement selon vos critères, selon votre ressenti, vient vous inviter à guérir un « petit vous » qui souffre de situations antérieures qui ne demandent qu'à être soignées.

Comment se passe une séance de Ho'oponopono ?

Ce qui est génial avec cette pratique c'est qu'on peut en faire à tout bout de champ ! Sur tout et n'importe qui et quoi...

Après le passage de votre patron, vous procédez de la sorte :
« Je suis désolé de vous avoir créé aussi agressif,
Pardonnez-moi de vous avoir créé ainsi,
Merci de m'aider à guérir le petit Moi qui souffre,
Je vous aime pour ça et pour tout ce que nous vivons ensemble. »

Bon, je vous l'accorde, dire « je t'aime » à un patron qui vous en fait baver et qui vous parle mal, c'est compliqué, mais quand on comprend profondément pourquoi on vit tout ça, c'est juste WoW !

Dans ma vie, je n'ai croisé que des patrons que j'ai maudit. Du moment où j'ai commencé à travailler en entreprise, mes patrons, mes directeurs m'ont toujours posé des soucis.
Un des seuls gentils avec qui j'ai travaillé, je l'ai quitté au bout de deux mois parce que je trouvais qu'il était trop... Gentil !!!
Je vous jure que c'est la vérité. J'avais l'impression que ce n'était pas OK.

Je comprends aujourd'hui que c'est simplement parce qu'il fallait que je règle mon problème avec l'autorité, la dévalorisation, mon manque de confiance et d'estime de moi...

J'ai eu pas mal de soucis relationnels avec mon beau-père, l'homme avec qui ma mère s'est remariée. Après m'avoir à peu près ignoré, quand il a commencé à « s'occuper » un peu de mon éducation, soit vers l'âge de 10 ans, ce n'était que pour m'expliquer tout ce que je faisais de travers, pour me dévaloriser, me dire que ce que lui faisait à mon âge était bien mieux, etc...
Mais je n'ai pas réglé le problème avec lui : j'ai fui. Je me suis caché derrière le fait que ce soit quelqu'un à qui il a toujours été quasi impossible de parler. Quelqu'un qui n'écoutait pas. Même si c'est la vérité, et qu'il s'est embrouillé avec la moitié de la terre, voire même avec lui-même, je réalise que ce n'était qu'une excuse.

L'univers m'a donc envoyé des « beaux-pères » tout au long de ma vie, jusqu'à ce que je comprenne, jusqu'à ma guérison.

J'ai réellement eu à maintes reprises l'occasion de tomber sur des gens comme lui. Incroyable.

Jusqu'à ce que j'arrive à dépasser ça, à dire les choses, à parler, à me faire confiance, à force de travail et de guérisons.

Oui, c'est possible !

Revenons au Ho'oponopono de votre patron.

Le principe est le suivant, en détaillant la méthode : je suis désolé de t'avoir créé tel que je t'ai créé, et donc je te demande pardon d'avoir fait ça.
Je te remercie de me permettre de venir guérir mon enfant blessé, et donc je t'aime pour ça.

Logique, non ?

Ensuite, vous faites appel à vos anges et à vos guides pour vous aider à guérir l'enfant intérieur qui réagit à cette situation.

En se mettant en méditation ou en état d'auto-hypnose, on entre à l'intérieur de soi et on imagine une scène avec pleins d'enfants qui n'attendent que des guérisons, que des réparations. A un moment, vous devez voir un des enfants qui sort du lot, qui vous interpelle. Il se peut aussi, selon les cas, que vous reviviez une situation de votre enfance, adolescent ou de votre vie de manière générale.

Ensuite, ça se passe entre vous et votre enfant intérieur. Vous communiquez avec lui, vous lui envoyez de l'amour, vous le rassurez… Bref vous faire en sorte qu'il se sente mieux. Et quand vous y êtes parvenu, vous l'imaginez grandir dans ce nouvel état, jusqu'à arriver à l'âge que vous avez présentement.

La dernière étape consiste à « fusionner » avec ce nouveau VOUS. Vous imaginez que vos deux êtres ne font plus qu'un, et vous revenez à vous avec cette nouvelle réalité.

J'ai une bonne et une mauvaise nouvelle : la mauvaise c'est qu'en fonction des situations, vous devrez guérir et guérir encore, sur le même thème… Et la bonne, c'est qu'il est inutile de chercher, la vie vous enverra à nouveau des situations pour vous permettre de guérir !

Ce qui est important, à mon sens, c'est de tenir la distance, et de ne pas lâcher prise. Mon travail du Festen a duré quatre mois, ce qui est plutôt très rapide pour un travail sur soi, surtout quand on considère le changement que ça opère.

Mais quand on décortique tous les outils qui nous sont offerts pendant ce travail, on réalise qu'il est bon de continuer à travailler au-delà de la fin de son Festen, parce qu'il y a toujours à parfaire. Ça n'engage que moi, et je ne manque pas une occasion de conseiller ce travail qui a été mis sur mon chemin, certains dirons « par hasard », moi je dirais « par l'univers ».

Comment je sais qu'un travail est « terminé » ?

Dans mon expérience, je ne réalise pas vraiment quand j'ai terminé de travailler sur quelque chose. C'est souvent en discutant avec mon épouse, que je réalise que je ne rencontre plus telle ou telle situation.

N'oubliez pas ce que je vous ai dit : tant que la situation n'est pas réglée, l'univers vous renvoie encore et encore des nouvelles situations pour que vous les dépassiez, pour grandir. Une fois que vous avez réussi, il n'y a plus aucune raison pour qu'il vous en envoie d'autres.

Parmi les choses flagrantes pour moi, la première situation que j'ai guérie, qui me vient à l'esprit, c'est le regard des autres. Avant, je recevais beaucoup de remarques sur ma façon de m'alimenter, de ne pas boire d'alcool, de certaines tenues vestimentaires, et que sais-je. Les gens que je croisais, aussi bien des amis que d'illustres inconnus, se permettaient de me donner leur avis sur des choses qui, a priori, ne les concernaient pas.
De vous à moi, qu'est-ce que ça peut vous faire que je ne partage pas une coupe de champagne avec vous, et que vous puissiez manger ma part de cette côte de boeuf ? Plutôt chouette, ça en fait plus pour les autres, non ? Et bien, tout simplement parce que je n'étais pas en phase avec le regard des autres. Je sentais que ma façon de manger, boire ou m'habiller étaient justes pour moi, mais je n'étais pas à l'aise avec ce qu'on allait dire de moi.

Depuis que j'ai guéri ça en moi (quelques guérisons, je peux vous l'assurer), je ne reçois plus ce genre de réflexions.

Peut-être vous demandez-vous pourquoi alors on reçoit de temps à autre, malgré tout, une petite remarque sur le sujet. A mon sens, c'est juste l'univers qui vient vérifier que tout est vraiment OK ! Au cas où il faille en remettre une couche !

Si je termine ce point en insistant sur le fait qu'il faut tenir la distance avec ses guérisons, c'est parce que pour ma part, dans ma vie de tous les jours, il est parfois difficile d'admettre que toutes les situations me sont envoyées pour me faire travailler sur quelque chose.
Quand, par exemple, je me sens dans un état de bien-être avancé, en paix avec moi-même et le monde entier, que je n'ai qu'une envie, celle de faire des câlins et d'envoyer de l'amour à qui veut, et que je croise un énergumène qui se met à me hurler dessus « sans raison », j'avoue que j'ai du mal à ne pas me dire qu'il est complètement à la masse !
Quand je reçois « gratuitement » l'agressivité de quelqu'un, j'ai parfois du mal à me dire qu'il vient me faire travailler quelque chose.

Et pourtant !... C'est juste WoW !

Elévation

Je fais assez régulièrement des « Live » Facebook sur des sujets divers et variés, en fonction de mon inspiration du moment.

Dernièrement quelqu'un m'a demandé de traiter le sujet suivant : lors du séminaire de Sylvain Carufel en Février 2017, les conférenciers ont tous partagé leur histoire, leur expérience. Ils étaient une dizaine à être intervenus ce week-end là, et avaient tous un point commun : avant de connaître une certaine forme d'élévation, une prise de conscience, un changement de vie, avant de modifier leur regard sur les choses, ils ont tous, sans exception, connus un gros coup dur !

Que ce soit une maladie, un accident, une séparation... Tous avaient ça en commun.

Du coup la question de cette personne était de savoir s'il fallait obligatoirement avoir « pris un mur » pour s'élever spirituellement, pour devenir quelqu'un d'autre.

Si vous êtes arrivés à ce point de votre lecture, vous savez maintenant ce que j'ai traversé dans ma vie. Même si je pense qu'il y a pire au niveau de l'enfance, il y a mieux aussi. Une enfance, sans beaucoup d'amour, un divorce, de la violence, puis une prise de conscience après une perte financière. Oui c'est vrai, quelque part on peut considérer que, moi aussi, j'ai pris un mur. Peut-être un « petit mur », mais un mur quand même.

C'est difficile d'estimer la gravité d'une situation qu'on a vécu soi-même finalement. Jusqu'à ce que je fasse pleurer ma thérapeute, c'est vrai que je n'avais jamais réalisé que ce que j'avais vécu enfant était quand même triste. Mais bon, pour moi c'est moins grave qu'une grosse maladie par exemple.

Il y a de plus en plus de gens qui montent en conscience, qui réalisent que la vie peut être vécue autrement.

Les gens qui doivent se prendre un mur, qui doivent se faire secouer, réveiller par l'univers, sont des gens qui ont trop « la tête dans le guidon » pour monter en conscience par eux-mêmes. Ils ont besoin d'un coup de pouce, de se faire réveiller.

Il y a aussi ceux qui ne sont pas là pour s'élever.

J'ai connu un entrepreneur à qui la vie avait envoyé une ou deux alertes du type AVC, mais qui a continué « comme si de rien n'était ».

C'est OK si c'est son chemin de vie.

Aujourd'hui, les personnes qui parlent de développement personnel, de montées en conscience, d'élévations spirituelles sont de plus en plus nombreuses. Elles partagent leur vécu,

comme je le fais moi-même dans ce livre, à travers l'écriture, la parole.
Du coup, elles interpellent d'autres personnes, qui peuvent être motivées pour suivre le même type de chemin, sans forcément devoir passer par l'étape « grosse galère de la vie ».
Vous aurez peut-être aussi ce rôle là à jouer demain, après avoir lu ce livre, et d'autres : passer des messages pour que d'autres montent également en conscience.

Par contre, les élévations de conscience, les prises de conscience peuvent entraîner des modifications telles, que les gens se retrouvent à ne plus être vraiment qui ils étaient avant. Et donc, s'ils sont en couple, une problématique peut apparaître de l'un qui change, qui s'élève, et de l'autre qui reste en bas, qui ne comprend pas ce qui se passe. Et à partir de là, il peut s'ensuivre une séparation.

Mais rien n'est écrit, à chacun son chemin, à chacun son histoire.

Les parfums de soins

Ce « chapitre » arrive dans mon esprit en pleine correction et relecture de ce livre. Du coup, il arrive peut-être comme « un cheveu sur la soupe », mais comment ne pas vous en parler ?

C'est en recevant une invitation au prochain salon bio de Nîmes que j'ai réalisé que j'avais omis de vous dire à quel point ces parfums ont joué un rôle important dans ma vie et dans les changements qui s'y sont opérés.

Le rapport avec le salon bio ?

La société qui commercialise ces produits est présente dans la plupart des évènements autour du bien-être qui se déroulent dans la région.

Il faut remonter au tout début de notre vie dans le sud pour trouver le moment où mon épouse a acheté pour la première fois un « parfum de soins », autrement appelé « parfum de couleurs ». Je ne sais pas comment elle en avait entendu parlé, mais il est clair que ça non plus ce n'était pas un hasard !

Mais c'est quoi en fait ces parfums de soins ou de couleurs ?

Ce sont des mélanges d'huiles essentielles, fabriqués dans la région du Gard, et qui sont déclinés en plusieurs produits : huiles (de massage entre autres), parfums, élixirs, sérum, sels de bains… A ce moment, je pense que vous devez vous dire que je suis en train de transformer mon livre en catalogue de vente.

Je vous comprends. Et pourtant… Attendez la suite !

Ces produits combinent l'aromathérapie, la chromothérapie et l'olfactothérapie. Je suis en train de chercher sur le site du fabriquant des explications exactes, mais je crois que je vais vous expliquer avec mes mots, et ce que ça a fait sur moi.

Le couple qui vend ces produits commence par une petite « séance de soins ». Il vous fait choisir une couleur parmi les 14 disponibles, vous en met un peu sur la main, ou le bras, ou encore vous en fait sentir. Ensuite, il vous explique pourquoi cette couleur vous a particulièrement appelé.

Tout se joue au niveau des émotions, de comment on se sent ce jour-là. Chaque couleur travaille sur quelque chose chez nous : le orange éveille la créativité, le pourpre recharge les batteries… Je vous laisse découvrir les autres par vous-même.
Du coup, on ne choisit pas forcément toujours les mêmes couleurs. Tout dépend de l'état dans lequel on se trouve au moment du choix.
Il est possible d'utiliser les parfums comme parfum classique, « pour sentir bon ». Il nous avait été dit que le choix qu'on fait le matin est toujours juste parce qu'il correspond à notre état émotionnel du moment. On s'en rend compte par le nombre de gens qu'on croise dans la journée qui nous disent qu'on sent bon et que notre parfum nous va bien.

J'estime que ces produits et le couple, qui joue davantage un rôle de « conseillers thérapeutes » que de vendeurs de foire (ils sont très loin de ça), ont été extrêmement importants dans mon chemin de vie. J'ai souvent utilisé ces produits en huile ou en parfum. Je respirais à certains moments de la journée, la couleur qui m'avait été « prescrite » la dernière fois que j'avais croisé ces deux « magiciens des couleurs ».

Je tiens ici à les remercier particulièrement pour leur aide dans ma vie.

N'hésitez à pas à aller plus loin avec ces produits que je vous recommande vivement et que mon épouse utilise en massages et en soins. Les bienfaits ont été quasiment immédiats pour moi, et ils travaillent en profondeur. Je suis passé de couleurs en couleurs au fur et à mesure de mon évolution...

Principes

Tout ça m'amène à vous parler d'un autre sujet qui m'a beaucoup parlé pendant mon chemin de vie : les principes.

Le travail du Festen m'a fait me questionner sur les principes qui m'habitent. Quand j'ai dû travailler dessus en les notant noir sur blanc, je me suis dit que ça allait être vite vu parce que j'estimais ne pas en avoir.

On m'avait assez embêté enfant pour que je ne m'en impose pas aujourd'hui et surtout que je n'en impose pas aux autres et notamment aux enfants.

Et bien, je me trompais. Je suis, ou j'étais... plein de principes.

Je vais en énumérer quelques-uns, qui pour certains vont peut-être vous paraitre bizarres, en tout cas, de les noter comme principes.

L'idée de cet exercice est de voir si on peut aller un pas plus loin dans la libération de ce que la société nous a imposé, dans le regard de l'autre.

En observant mes journées, je me suis rendu compte que j'avais des principes du genre : comment on met la table, qui s'assied où à table, comment on se tient à table, la ponctualité, ne pas toucher à tout, ne pas couper la parole… On peut y mettre également les superstitions.

La fourchette se met à gauche, le couteau à droite.

Savez-vous d'où ça vient ?

La fourchette se met à gauche parce qu'à l'époque, tout le monde prenait sa fourchette avec sa main gauche et son couteau avec la droite.

Depuis, des restaurants, des snacks se sont autorisés à faire autrement : les deux couverts dans une pochette, ou posés en travers de l'assiette.

Essayez de mettre le couvert autrement, vous verrez c'est dérangeant ou marrant, selon où vous en êtes avec les principes.

Une tradition est un principe quelque part, à vous de voir si vous voulez le suivre ou pas.

Les superstitions sont remplies de principes : passer sous une échelle, les chats noirs…

Je trouve ça très libérateur de « casser » les principes.

Quand on a des enfants, on peut se poser la question de savoir, dans ce cas, ce qu'on leur transmet, si on ne garde pas quelques grands principes de notre société. Nous avons choisi de laisser faire les nôtres, tout en leur expliquant à quel moment ça nous semble vraiment important de suivre, malgré tout, certains principes « imposés » par la société dans laquelle nous vivons….

Et oui, il faut encore s'adapter ! Et puis, ils feront leurs propres choix plus tard, en sachant que tout est possible.

Mais n'est-ce pas leur permettre de se libérer de chaînes que de les laisser vivre leur vie, comme ils l'entendent.

Au final, qui dérangent-ils en mangeant avec leur fourchette dans la mauvaise main ?

La confiance en l'univers

Pour moi, la pleine conscience va de paire avec la confiance.

La confiance en l'univers, en la vie, en sa bonne étoile, son ange gardien, en Dieu, en ce que vous voulez.

Je parle souvent de l'univers. Qu'est-ce que j'entends par là ?

Il y a un peu moins de 10 ans, j'ai découvert l'angéologie, c'est à dire le travail avec les anges. J'ai découvert à ce moment-là de ma vie que nous n'étions pas seuls sur terre, et éventuellement dans l'univers (dans sa signification planétaire), mais ça c'est (presque) une autre histoire.

J'ai reçu une éducation religieuse de par ma scolarité en école privée, et donc catholique. A force d'entendre parler de Dieu, de Jésus, de Marie, de miracle, et d'Eglise, j'ai en quelque sorte fait un blocage. Du coup, j'ai laissé tout ça de côté. Il y a quelque chose, mais quoi ? Mystère… Et je ne m'en suis pas soucié pendant pas mal d'années.

Jusqu'à ce que je découvre l'existence du monde des Esprits et des mediums, en lisant notamment le livre d'Allan Kardec « Le Livre des Esprits », qui démontre, comme une évidence, que nous vivons parmi une foultitude d'esprits, ou d'âmes errantes…

Depuis ce temps, je fais régulièrement appel à mes anges, mes guides, à l'univers, à Dieu.

Aujourd'hui, j'ai évolué à ma façon dans ma spiritualité. Si je ne suis pas plus « fan » qu'avant des églises et du folklore qui va autour, je reste persuadé qu'il y a un Dieu, quelque part. Le côté église est quelque chose d'humain, une interprétation que nous avons fait des écritures. Et ce n'est pas OK pour moi. Je prie régulièrement, je m'adresse souvent à Dieu, mais je ne ressens pas le besoin d'aller dans une église pour le faire.
Je n'ai pas besoin d'aller tous les dimanches matins écouter un représentant humain de Dieu. Mais attention, si vous faites partie des croyants, de quelque religion que ce soit, qui éprouvez le

besoin de pratiquer dans un lieu de culte, il n'y a aucun souci. Je ne critique pas cette façon de faire, je dis juste que ce n'est pas la mienne. En retour, merci de respecter également mes choix ☺.

A partir du moment où j'admets qu'il existe une force divine, des anges, des guides, des anges gardiens, alors c'est complètement normal et logique de s'adresser à eux.
Je ne fais pas partie des gens qui les voient ou qui les entendent, mais je m'adresse à eux.

Quand j'ai besoin d'obtenir des réponses à des questions que je me pose, je m'adresse à eux, ou à mon intuition.

Comment ça fonctionne ?

Simplement !

Le secret d'après moi, c'est juste de croire. Croire que ça fonctionne. Croire que nos guides sont là pour nous aiguiller sur le chemin de notre vie, croire que l'univers se mobilise pour nous...

Sans croyance, rien n'est possible.

Les demandes qu'on peut faire sont diverses et variées; ça peut aller de demander à trouver une place de parking quand on arrive quelque part jusqu'à demander à trouver de l'argent pour réaliser un projet, ou trouver une réponse à une question qui nous pose souci.

Au début de cette connaissance, alors que je travaillais à Nîmes, et que nous habitions à Villetelle, à une trentaine de kilomètres de là, je me suis posé la question de me payer un scooter. J'aimais l'idée de profiter du beau temps du sud, de la liberté du deux roues, de l'économie que nous pourrions réaliser en ayant un deux roues à la place de deux voitures, etc.

Il faut savoir que j'ai une histoire particulière avec les deux roues, surtout ceux qui sont motorisés.

Comme tous les enfants (enfin je crois), j'ai toujours rêvé de poser mes fesses sur une moto, quand j'en aurais l'âge.

Sauf que ma mère a toujours vu les choses autrement. Elle a toujours eu très peur des ces « engins-là » comme elle les appelait, et m'a, dès mon plus jeune âge, dissuadé d'en avoir une.

Comment elle a fait ?

Tout simplement : à l'époque critique, où un pré-adolescent commence à parler de son futur deux roues, elle passait son temps à me lire tous les faits divers de jeunes qui avaient eu des accidents graves avec leur mobylette, moto ou scooter...
Son discours a toujours été de dire que dans une voiture on est protégé, mais pas sur ces engins. Sur ce point, elle avait entièrement raison.

Et sa technique a fonctionné, puisqu'elle m'a transmis une peur bleue de tout ce qui roule sur deux roues avec un moteur...

En échange de cette interdiction, elle m'avait promis que j'aurais une voiture dès que j'aurais mon permis. J'ai passé et obtenu mon permis de conduire, une semaine après mes dix-huit ans ! Et elle a tenu sa promesse; j'ai eu ma voiture très rapidement derrière.

Malgré tout, alors que j'habitais à Toulouse avec mon ex-femme, j'ai un jour acheté un petit scooter, parce que nous avions tous les deux besoins de nous déplacer pour nos boulots respectifs. Je me suis servi de mon Peugeot pendant un an, avant de terminer sous une voiture... Pas moi, mais lui !

En fait, un soir, en rentrant de l'hôtel dans lequel je travaillais en centre ville de Toulouse, il s'est mis à pleuvoir avec une extrême intensité. Si bien que je voyais très mal. Arrivé à quelques centaines de mètres de chez moi, je devais prendre à gauche sur une grande route à quatre voies. Sinon, même si c'était interdit, il y avait une piste cyclable qui longeait cette route, et vu les conditions météorologiques, je me suis dit que ça serait plus sécurisant.

Juste après avoir emprunté cette piste cyclable, j'ai vu deux phares arriver sur moi. J'ai eu à peine le temps de me dire que ces deux motos étaient un peu gonflées de rouler de front, avant de réaliser qu'il s'agissait d'une voiture qui m'arrivait dessus !

J'ai jeté le scooter sur le côté en même temps que je sautais sur le bord de la route. Avec la vitesse (même faible), mon deux roues est passé sous les roues de la voiture, et moi je me suis retrouvé debout derrière la voiture.
Je me souviendrai toute ma vie de la frayeur qu'a eue la jeune conductrice quand elle est sortie de sa voiture pour constater que « j'étais » passé sous ses roues...

La malédiction posée par ma mère m'avait finalement suivie. Enfin, en tout cas, c'est comme ça que j'ai interprété mon expérience malheureuse.

Bien entendu, mon épouse avait eu vent de cette histoire de mes antériorités avec les deux roues. Une médium m'a même dit un jour que ces engins n'étaient vraiment pas pour moi...

C'est dans ces conditions qu'en sortant du boulot à Nîmes, un soir, je suis passé chez un concessionnaire pour me renseigner, malgré tout, sur la possibilité d'acheter un scooter. J'ai immédiatement été séduit par les lignes de celui que j'avais vu, et je suis reparti avec tarifs, catalogue et rendez-vous pour venir faire un essai quelques jours plus tard.

En rentrant à la maison, j'en ai parlé avec mon épouse, qui n'a pas vraiment réagi. Qui ne dit mot consent !

C'est quand j'ai commencé à lui parler des prix, des possibilités de financement, etc, qu'elle m'a demandé si j'étais sérieux...

Pour faire bref, pour elle c'était juste hors de question que je risque ma vie sur ce genre d'engin. Même si elle reproduisait ce que m'avait fait ma mère, et même si je lui ai copieusement fait la gueule ce soir-là, elle réveillait en moi des vieilles peurs, et je n'étais pas à l'aise avec tout ça.

En fait, je n'étais pas content de m'être laissé emporté dans un élan de joie à m'imaginer le nez au vent, tout en ayant oublié que « ce n'était pas pour moi ». J'étais en quelque sorte vexé, et, à l'époque, je réagissais systématiquement à ce type de situation, en faisant la gueule, plutôt qu'en me disant que c'était moi qui avait « merdé ».

Le lendemain, en partant travailler avec ma voiture, je pense à toute cette histoire. Je rumine.

Sur le chemin qui me mène à mon hôtel, je prends un caillou sur le pare-brise... Je n'y prête pas attention.

Je m'arrête prendre un café avec mon patron avant de repartir pour Martigues où nous étions en train d'ouvrir un nouvel établissement.

Je ne sais pas si vous connaissez la route qui va de Nîmes à Martigues, mais à un moment il y a une ligne droite très longue, de plus de dix kilomètres, qui traverse la plaine de la Crau. C'est une quatre voies, dont les deux sens de la route sont séparés par un terre-plein qui ressemble plus à un terrain de foot, qu'à une séparation comme on les connaît.

Toujours plongé dans mes pensées de scooter, j'ai reçu de nouveau un caillou sur mon pare-brise, alors que j'étais seul sur la route... Celui-là a fait un bruit monstrueux et a cassé mon pare-brise en deux.

Ça c'est un signe de l'univers qui vient vous dire : « Oh, tu vas réagir, oui ? ». Je l'ai vu et compris celui-là.

Largement plus soft, mais tout aussi efficace, à peu près dans la même période, nous avions décidé de changer une voiture contre un 4X4.
J'hésitais entre deux modèles de tout terrain. Comme ce choix me prenait la tête, bien plus que ça n'aurait dû, à savoir sans arrêt, j'ai décidé de demander au ciel ce que je devais choisir comme véhicule.
J'étais au volant de ma voiture au moment où j'ai clairement posé la question : « Est-ce que vous me conseillez de choisir le Toyota ou la Jeep ? ». Croyez-moi ou pas, mais deux rues plus loin, je suis tombé nez à nez avec un Land Cruiser de chez Toyota.
La réponse était d'autant plus claire, que le 4X4 était garé à un endroit où d'habitude jamais personne ne se garait !

Plus récemment, nous redescendions de Lille avec toute ma famille, en passant par la Belgique.
Nous étions en train d'échanger sur la vie, sur ce que je pensais donner comme orientation à mes entreprises, et je disais à mon

épouse que la formation me parlait vraiment bien et que j'avais envie de pousser plus loin dans ce que j'enseignais et transmettais. A un moment, je lui dis que je me sens vraiment à l'aise et connecté avec le sujet du management, que je sens que c'est « mon truc », que l'humain me parle et que j'ai envie d'aider les gens à s'épanouir.
C'est exactement à cet instant-là que je croise un panneau indiquant que nous passions à proximité d'un village appelé « Manage » !

Les signes de ce genre sont envoyés sous forme de texte, sur des panneaux publicitaires, sur des véhicules, à la télévision, dans les journaux, ou sous forme audio, dans une chanson, à la radio, ou même dans un morceau de conversation que vous captez.

Pour les capter il faut y être attentif, sans pour autant chercher à trouver une réponse. Ne vous inquiétez pas, elle viendra à vous.

Je pourrais vous raconter des exemples de signes pendant des centaines de pages... Plus je suis connecté, plus je reçois de réponses.

C'est juste WoW !

Un jour, il y a quelques années, au moment où j'étais encore un « bébé croyant », peu de temps après avoir découvert l'existence de tout ça, j'ai eu une série d'incidents. Ça allait d'un téléphone qui ne voulait pas fonctionner, à une voiture en panne, à des problème d'argent... Sauf que tout est un peu tombé en même temps.

Alors, à un moment, n'en pouvant plus, j'ai hurlé, en m'adressant à tout ce monde subtil et en leur disant qu'il n'était pas possible qu'ils existent sinon tout ça ne m'arriverait pas. J'étais très en colère et je me suis vraiment adressé au ciel en hurlant de toutes mes forces.

Cette histoire s'est passée vers midi, un jour de mars 2010. L'après-midi, je n'arrivais plus à rien faire, rien ne fonctionnait, et je me suis même blessé en bricolant... Malgré mon « pétage de plomb », au fond de moi, je savais qu'il y avait bien quelque chose. Je me sentais extrêmement mal d'avoir perdu le contrôle.

Alors, je me suis excusé platement pour les propos que j'avais tenu, j'ai demandé humblement pardon, et depuis ce jour, je n'ai plus jamais recommencé !

Faire confiance en l'univers, prendre conscience que nos anges et nos guides sont là pour nous, en permanence, c'est un peu comme réaliser que nous avons toujours une équipe de gardes du corps qui nous suit partout.
Mais des gardes du corps un peu différents de ce qu'on peut s'imaginer en ce bas monde, parce que si vous ne vous adressez plus à eux, si vous n'y prêtez plus attention, ils ont tendance à être moins présents.

La prière, la méditation sont autant d'outils pour rester en contact avec eux.

J'ai pris l'habitude de m'adresser à mes anges, mes guides, mon ange gardien et l'univers régulièrement, plusieurs fois par jour, souvent dans des moments importants pour moi.

Une des premières fois où j'ai réalisé qu'ils étaient là, et même qu'ils prenaient la parole à travers moi, c'est bien avant d'avoir reçu ces enseignements.

Ça s'est passé dès mes premières formations. A certains moments, j'avais l'impression que les paroles qui sortaient de ma bouche étaient, à la fois plus fluides que d'habitude, pas vraiment réfléchies, mais surtout, elles sortaient sans discontinuer pendant un certain temps. Toute une enfilade de phrases, que je sentais extrêmement bien placées dans le contexte dans lequel elles étaient dites.
Souvent ça arrivait à des moments de la formation où je parlais plus de l'humain, de ressenti, que de choses techniques.

Il parait que c'est une forme de canalisation.

Depuis, à chaque fois que j'ai à prendre la parole en public, ou pour un entretien important, j'appelle mes anges et mes guides à venir, à m'épauler, et à s'autoriser à prendre la parole dès qu'ils en ressentent la nécessité et le besoin, dès qu'ils jugent que la situation est propice à ce qu'ils interviennent. Et ils sont là quasi à tous les coups.

C'est une sensation étrange. Le sentiment d'être très aligné dans ses propos, d'une grande fluidité dans ses paroles, l'impression que tout est juste. Parfois aussi je me demande d'où je tiens tout ce qui sort de ma bouche. Et souvent, je ne me rappelle plus forcément ce que j'ai dit. Et comme je vous ai dit que je buvais plus d'alcool, ça ne peut pas venir de là !

Je l'ai aussi réalisé en tournant des vidéos de moi pour Facebook ou pour mes formations en ligne.

Je tourne les vidéos, et après je monte le clip final.

Ma façon de travailler est très proche de l'improvisation… Enfin, non pas vraiment. En fait, on pourrait croire que j'improvise, parce que j'ai très peu de choses préparées à l'avance, mais réellement, non, tout ce qui est dit est juste. Ce serait juste très difficile pour moi de rédiger mot pour mot ce que je dis devant la caméra.
Quand je commence à préparer les différents modules d'une formation, j'écris les grandes lignes, et le reste se passe « en live » devant la caméra. Par exemple, il m'est quasiment impossible de travailler avec un prompteur. J'en perds instantanément mon naturel.

Un jour, j'ai réalisé qu'il m'arrivait la même chose que lors de prises de paroles en public. En montant un clip que j'avais tourné quelques minutes plus tôt, je découvrais ce que j'avais dit, au fur et à mesure que je le montais !

Juste WoW !

Et, j'ai presque envie d'écrire « évidement », par moment, ça m'arrive aussi en écrivant ce livre.

Avant de me remettre à l'écriture, je demande de l'aide à mes anges et mes guides : « Inspirez-moi pour écrire ce livre s'il vous plait ».

A ce moment-là les mots s'enchaînent en phrases, puis en paragraphes, puis en pages, sans vraiment que je réalise que je suis en train d'écrire beaucoup. Quand j'arrête, à mon sens, très peu de temps après avoir commencé, je me rends alors compte que j'ai rempli une dizaine de pages.

Les soins énergétiques

Je vous ai parlé de ma formation en Reiki, qui a été le point de départ de ma future « nouvelle vie ». Ce que je ne vous ai pas dit, c'est que je ne me suis pas beaucoup servi de ces enseignements. Ou plutôt je ne me suis pas servi du tout du Reiki et de ses symboles.

Pourquoi ?

Pour deux raisons, toutes simples : premièrement je n'ai jamais vraiment accroché avec les symboles à utiliser pour soigner, et deuxièmement, parce que mon mental a longtemps bloqué sur les soins, les énergies, et surtout sur le fait, que moi, Axel Crevaux, je sois capable de travailler l'énergétique.

Parmi les enseignements que nous avons reçus (je dis nous, parce qu'après la formation Reiki, nous avons suivi en parallèle toutes les formations qui se présentaient à nous, sauf les massages qui sont restés l'exclusivité de mon épouse), nous avons suivi un jour un stage avec un thérapeute « autoproclamé ».
C'était un boulanger qui avait développé ses capacités à soigner jusqu'à arrêter complètement la boulangerie.

Cet homme était d'une gentillesse incroyable; il avait une très grande douceur dans la voix, et ses soins était d'une efficacité rare. Je ressortais toujours de ses séances de soins dans un état très planant. Je me sentais assez proche d'une forme de bien-être absolu.
Par contre, il fait partie des thérapeutes qui ne font que travailler l'énergétique, sans réellement nous faire travailler sur quoi que ce soit. Du coup, j'ai longtemps cru, en allant le voir, qu'il faisait des miracles, et que d'un coup de baguette magique, il allait régler tous mes problèmes.

Erreur, sans action, rien n'arrive...

Il avait donc décidé de transmettre ce qu'il savait aux gens qui suivaient ses stages.

Quand il expliquait comment il soignait, il disait très simplement qu'il « montait », qu'il allait frapper à une porte derrière laquelle se trouvaient pleins de « guérisseurs », et qu'il faisait appel à eux pour guérir, ou pas, la personne qui était en face de lui.

Je dis « ou pas » parce que le soin peut ne pas fonctionner. On demande toujours, à la fois l'autorisation de soigner, et si c'est juste pour la personne. Il y a des soins qui peuvent être inopérants sur quelqu'un qui doit vivre ce qu'elle a à vivre, aussi douloureux que cela puisse être. C'est difficile à avaler, ou à comprendre, comme vous voulez, mais c'est ainsi, c'est à mon sens une grand loi de l'univers.

Il expliquait sa façon de soigner avec tellement de simplicité, sans chichi, sans fioritures, que ça semblait élémentaire. Peut-être même trop pour quelqu'un dont le mental prenait trop souvent le dessus.

Comment ça pouvait être si facile ?

On pose les mains, on « monte » là-haut, on fait appel, et hop, abracadabra, c'est fait ! Arrêtez, ce n'est pas sérieux.

Sauf que cette personne, que tout le monde connaissait pour l'efficacité rare de ses soins était en train de nous livrer l'extrême facilité avec laquelle il pratiquait. Just Do It !

Bien entendu pendant les séances de formation, on s'exerçait… En duo, et à tour de rôle, on faisait des soins aux autres stagiaires présents.
Je vous laisse imaginer comment mon mental m'embarquait dans des pensées en tout genre : « Laisse tomber, c'est une arnaque, ça ne marchera jamais… »

Même si je n'arrivais pas forcément à faire aussi bien que lui, son discours et la façon qu'il avait d'aborder les choses avec beaucoup de facilité me plaisait, et je sentais au fond de moi que c'était juste et cohérent.

Pourquoi faudrait-il plein de rituels pour faire passer l'énergie ?

Si l'énergie est, et que nous pouvons la capter, il suffit de la récupérer et de la faire circuler, non ?

Je veux bien admettre que certaines choses puissent bloquer la circulation de l'énergie : croiser les jambes ou les bras, ne pas être aligné au moment d'un soin… Et encore, on pourrait en débattre.

En fait les choses sont simples… Il n'y a qu'à observer le comportement des enfants face à ça. J'y reviens un peu plus loin.

Les soins énergétiques que je donnais à quelques proches étaient très épisodiques, et plus que rares. Je n'y croyais pas vraiment, en tout cas je ne croyais pas avoir ce « don », cette capacité.

Puis, en 2016, j'ai entamé ce travail de libération, de guérison, le Festen. Pendant ce travail, mon accompagnante m'a parlé à plusieurs reprise de mon énergie qu'elle ressentait… bien plus que moi…
Puis à force d'échanger, d'en parler, je me suis (re)mis à poser mes mains pour soigner. D'abord sur ma femme, sur mes enfants, sur des proches.
Ils disaient tous que je leur faisais du bien, mais j'avais du mal à y croire. Jusqu'au jour où j'ai partagé cette réflexion avec mon père, qui m'a fait remarqué que ça ne serait pas très malin de leur part de me laisser croire que mes soins étaient efficaces, s'ils ne l'étaient pas.

Le plus gros travail a été de convaincre mon mental que tout était juste, que ça fonctionnait vraiment. A chaque fois que je me mettais à soigner, une petite voix dans ma tête me soufflait sans cesse : « Arrête, c'est ridicule, tu ne sais pas faire, il n'y a aucune raison pour que tu fasses partie des gens qui guérissent… ». Et ce n'est qu'un extrait du travail de sabotage auquel j'avais droit à chaque fois.

Puis il y a eu un déclic. Un évènement qui a fait taire mon mental, ou du moins qui lui a fait accepter que ça fonctionnait, qu'il n'y avait plus à douter.

Au cours de l'été de cette année-là, un samedi, mon épouse était partie le matin pour faire deux massages, avec un mal de dos assez conséquent.
J'étais encore en plein travail de Festen, et c'était une journée « sans » pour moi : pas le moral, pas la forme, pas d'énergie (enfin, façon de parler ☺)…

Le midi, elle rentrait déjeuner avant de repartir pour trois massages supplémentaires l'après-midi.

Son mal de dos ne l'avait pas quittée, et il s'était en plus accompagné d'un mal de tête, pas terrible.

Ma bouche a alors formulé : « Tu veux un soin ? ». J'en voulais beaucoup à celui qui venait de proposer ça, parce que je ne me sentais pas du tout de faire du bien, même à mon épouse, je n'étais vraiment pas en forme.

Malgré tout, il fallait que je fasse tout mon possible pour la remettre sur pied.

Alors, je me suis mis à côté d'elle, en méditation, je me suis centré, connecté à l'énergie céleste, et ancré à la terre. C'est alors que j'ai reçu un protocole de soin, que j'utilise depuis à chaque fois que je soigne.
Il m'a été envoyé, mes mains se sont mises à chauffer très fort, je les ai posées là où il fallait qu'elles agissent.
Quelques minutes plus tard, mon épouse s'est relevée, sans aucune douleur.

J'étais content, mais un soin n'est vraiment réussi que s'il dure un peu. Le soir quand elle est rentrée, c'est la première chose dont elle m'a parlée : « Je n'ai plus mal du tout ».

Depuis, de temps à autre, mon mental tente de faire une petite apparition pendant un soin, mais il comprend vite qu'il n'a plus vraiment son mot à dire, alors il lâche l'affaire.

Juste WoW !

Ce n'est ni un don, ni un privilège

Peut-être êtes-vous admiratifs en lisant ces dernières lignes, ou peut-être au contraire trouvez-vous ça douteux. Dans les deux cas, je vous comprends, je suis passé par là avant vous.

J'ai mis un sacré bout de temps à faire admettre à mon mental que tout cela était bien réel. Souvenez-vous d'où je viens : le matériel avant tout...

J'ai longtemps cru que les soins énergétiques étaient réservés à une élite, à des élus qui venaient sur terre pour prodiguer des soins aux autres.

Depuis peu, je suis certain que nous avons tous en nous cette capacité à soigner en transmettant l'énergie. Tout va dépendre de comment on travaille, comment on médite, on se connecte, on y croit...

Oui, je pense qu'il faut y croire, et que c'est un peu la base pour que ça fonctionne.

C'est ainsi dans beaucoup de domaines, quand on observe bien : « Je ne vais pas y arriver » entraîne souvent un échec. La pensée est créatrice...

Nous attirons ce à quoi nous pensons. Alors mieux vaut penser positif, et attirer de belles choses.

Les pensées, au même titre que les peurs, sont créatrices de ce qui nous arrive : peur que la voiture tombe en panne, peur de tomber malade...
C'est d'ailleurs sur ces peurs que les assureurs font leur business : peur de se faire cambrioler, peur de l'accident, peur de tout. Avoir peur est à l'inverse de la confiance.

Moi j'attrape souvent un rhume quand je vois quelqu'un qui se mouche et éternue, même de loin, et que je me dis « Houla, mais oui, c'est la saison, il ne faudrait pas que je tombe malade... ». Et bim, en principe, ça ne loupe pas !

Je vous laisse imaginer d'autres exemples avec des choses plus graves…

Il est donc essentiel de croire que nous sommes tous reliés à l'énergie et que nous sommes tous en capacité de la capter et de la transmettre.
A partir de là, tout est possible.

Pour illustrer mes propos, je vais vous parler de mes quatre enfants : ma grande fille qui a grandi principalement chez sa maman (pas du tout ouverte à tout ce que je raconte depuis quelques pages) et mes trois garçons qui ont grandis dans une famille où tout est possible; le monde des Bisounours n'est pas si loin que ça.

Ce sont tous des guérisseurs en puissance.

Ma fille fait appel à mes soins, souvent à distance, dès qu'un « bobo » se présente, et elle m'a dit, qu'avec son chéri, ils échangeaient fréquemment des soins.

Il y a quelques mois, j'ouvre le réfrigérateur pour attraper, je ne sais quoi, mais ça n'a aucune importance. Sauf qu'un pot de mayonnaise en plastique a décidé de se suicider en sautant de la porte, à une hauteur sensiblement comme la mienne. L'atterrissage a eu lieu sur mon gros orteil… Aïe !

J'attrape mon pied très douloureux et me dirige dans le canapé, en appelant l'aîné de mes fils qui jouait dans sa chambre.
A côté de moi, il y avait le petit dernier qui venait tout juste de fêter ses 3 ans, qui me regarde et qui me dit : « Mais je suis là, moi ! »

Ah ben oui, c'est vrai ça…

Ses deux grands frères sont malgré tout intervenus, et je me suis retrouvé avec six mains en position de soin au-dessus de mon orteil endolori.

Au bout de quelques secondes, j'ai littéralement senti la douleur sortir de mon pied et monter vers le ciel. Je n'ai plus jamais ressenti aucune douleur après leur intervention.

Récemment, je me suis brûlé un doigt avec de l'huile brulante. C'est encore une fois le petit dernier qui est intervenu, mais seul cette fois-ci. Même sensation de douleur qui s'évapore...

Ce qui est impressionnant, c'est que les soins de notre dernier durent en moyenne moins d'une minute. Et pourtant ils fonctionnent.
Au début où il s'est mis à soigner en mode « express » je ne pouvais m'empêcher de penser que c'était trop rapide pour avoir la moindre efficacité. Et pourtant, je crois vous avoir dit un peu plus haut qu'il était aujourd'hui le seul susceptible de me faire passer un mal de tête récurrent dont je souffre de temps en temps.

Pourquoi les enfants ont-ils cette capacité à soigner ?

Parce qu'ils ont ça à la naissance. Malheureusement pour la plupart, on leur coupe rapidement cette capacité en expliquant que ça n'existe pas, ou en administrant des médicaments pour les moindres bobos des enfants au lieu de les soigner nous-mêmes avec nos mains.

Un enfant qui se mal ne se sent-il pas mieux, immédiatement après avoir reçu un bisou ?

Parmi mes quatre enfants, ma fille est celle qui a dû réapprendre qu'elle avait aussi cette capacité en elle. Tout comme moi, sauf que pour moi, ça a été bien plus tard.

Action

Je voudrais apporter une précision importante sur l'action.

Quand j'ai parlé de l'univers et de tous les anges et guides que nous avions autour de nous et qui nous assistaient tout au long de notre vie, je n'ai peut-être pas assez insisté sur l'importance de l'action.

Se mettre en mouvement et en action.

Bien sûr l'univers nous aide, il est avec nous. Mais si vous ne faites rien, il ne se passera rien.
On trouvera toujours des contre-exemples à ce que je viens d'écrire : ceux qui sont nés avec une cuillère en or dans la bouche, ou ceux qui gagnent au Loto... Et encore, dans ce dernier exemple, comme je vous l'ai déjà dit, ils ont tous eu pour action d'acheter une grille de Loto, sinon...

Se mettre en action entraîne des résultats. Ne rien faire, ne fait pas avancer, n'a pas d'autre conséquence que de nous laisser stagner, même si l'univers est bienveillant pour nous.

Par contre, ce que je trouve drôle, une fois n'est pas coutume dans la façon de faire de l'univers, c'est que lorsqu'on se met en action sur un sujet, ce n'est pas forcément celui-là qui va avancer, mais quelque chose va bouger.

Quand je suis revenu du séminaire de Sylvain Carufel, de la Solution est en vous, j'avais commencé à écrire ce livre, et j'étais remonté comme une pendule. J'aurais soulevé des montagnes. Je savais ce vers quoi il fallait que j'oriente mes efforts : la formation, le livre, les conférences... J'allais enfin sortir de ces petits contrats en informatique, WoW ! J'allais sortir la tête de ces écrans qui finissaient par me faire sortir les yeux de leurs orbites.

Je me suis lancé à corps perdu dans l'écriture de ce livre, le jour, la nuit, j'avais d'autres idées qui me venaient en parallèle, je me suis mis à faire des Live sur Facebook pour fidéliser les gens qui me suivent...

Et là, j'ai reçu des demandes de personnes qui cherchaient quelqu'un pour monter leurs vidéos... Des demandes de réalisations de clips vidéos...

C'est en ça que je trouve que l'univers est drôle. Vous vous mettez en action sur un sujet, il fait bouger sur un autre. Mais ce n'est pas grave, le principal, c'est bien que ça bouge, non ?

Avant j'étais très perturbé parce que je pensais que je faisais fausse route en axant mes efforts dans un sens alors que les résultats arrivaient par ailleurs. Du coup, l'univers jonglait à m'envoyer un coup d'un côté, un coup de l'autre. Puis j'ai compris, que tout était juste, que je ne devais pas axer mes efforts que dans un sens.

Donc, surtout, n'oubliez pas, vous n'aurez rien sans rien faire. Mettez-vous en action, et le reste suivra.

Comment je démarre ma journée

Quand je me lève, je ne suis pas toujours au top dans mes pensées. Je dirais même que c'est souvent le matin en me réveillant, ou en pleine nuit, lors d'une insomnie, que j'ai des idées « noires » ou en tout cas, des pensées digne du temps où la pleine conscience n'était même pas un concept pour moi.
C'est dans ces moments que mon mental en profite pour m'envoyer des messages fort sympathiques au sujet des finances, de mon activité professionnelle, de tout ce que j'ai à faire, etc…

Pour avoir réfléchi et analysé la situation, je pense que c'est comme si pendant mon sommeil, mon mental en profitait pour reprendre le dessus et mettre la zizanie dans ma tête.

« Ah tu dors, et bien regarde ce que je vais faire pendant que tu relâches ta vigilance ! ».

Du coup, si je me lève avec tout ça en tête, mon humeur s'en ressent fortement, et je démarre ma journée avec une énergie pas très lumineuse.

Un des enseignements du Festen a consisté à nous apprendre à décider par nous-mêmes de comment on souhaitait voir démarrer notre journée. En règle générale, le reste de la journée est à l'image de son début.

C'est aussi simple que ça peut être difficile à mettre en oeuvre, parce que, bizarrement, quand on n'est pas bien, parfois on « préfère » rester dans cet état plutôt que de réagir.

Il faut trouver la force et la volonté pour se mettre en mode joyeux, gai, lumineux.

La méditation est un excellent moyen pour ça : se remettre dans l'instant présent avant de se lever. Je me concentre sur ce que je veux vraiment pour moi comme pour les autres.
Et je décide de passer une bonne journée, parce que je sais que la journée qui s'annonce est belle, et qu'elle va m'apporter de la joie et des belles choses. Rappelez-vous : le pouvoir de la loi de l'attraction. Le pouvoir de la pensée positive. Nos pensées sont créatrices.

Je vous invite à vous exercer à cet exercice dès demain matin. Faites l'effort de vouloir vous lever du bon pied. Faites l'effort d'être heureux dès votre réveil. Et observez tout au long de votre journée comment vont se dérouler les choses : vos rencontres avec les autres, les gens que vous croisez dans la rue. Qu'est-ce que vous attirez à vous ?

A chaque fois que je me mets en mode « lumineux », je reçois des sourires, des bonjours d'inconnus dans la rue, les gens semblent contents de me voir. C'est le pouvoir de l'énergie, de ce que vous rayonnez autour de vous. Les gens le ressentent et vous le renvoie. Malheureusement l'inverse est vrai aussi ! Alors choisissez.

Un autre petit truc, que je pratique depuis pas mal d'années maintenant.

Je vous parle des autres, et c'est important, mais comme je vous l'ai dit, il y a aussi quelqu'un qu'il ne faut surtout pas négliger. Vous vous souvenez de qui je veux parler ?

Et oui, VOUS !

Quand vous vous levez le matin, à qui dites-vous bonjour en premier ?
Votre conjoint, vos enfants, vos collègues de travail, votre patron ?

Vous n'auriez pas oublié quelqu'un par hasard ?

Ne VOUS oubliez pas ! Dès demain, passez volontairement devant un miroir, regardez-vous, faites-vous un grand sourire, et saluez-vous. Et dites-moi ce que vous avez ressenti en le faisant.

En principe, la première fois qu'on pratique ça, on a tendance à chercher partout les caméras cachées. On se sent comme gêné de se sourire et de se saluer. Et pourtant, c'est tellement important de commencer par se respecter soi-même.

Je suis persuadé qu'il est quasi impossible de respecter les autres si on ne commence pas par se respecter soi-même. A bien y réfléchir, ça semble logique.

Accepter, modifier ou quitter

Un autre enseignement du Festen qui a vraiment changé ma vie, c'est l'utilisation de ces trois mots : accepter, modifier ou quitter.

L'idée est simple : face à chaque situation qui se présente à vous, vous avez ces trois choix. Ou bien, un quatrième, mais qui n'est pas une option, parce qu'elle ne mène à rien : la plainte.

Avant j'étais ce qu'on appelle un râleur ! J'ai réalisé ça il y a quelques années, en tombant sur le livre de Christine Lewicki « J'arrête de râler ». Rien qu'en lisant le titre et la quatrième de couverture, je me suis fait une montée en conscience conséquente.

J'avoue qu'à l'époque je ne réussissais qu'à aller au bout de trois jours sans râler alors que l'objectif est de passer le cycle de 21 jours. Le cycle de 21 jours, utilisé dans beaucoup de soins, permet au corps d'enregistrer quelque chose de nouveau, de l'intégrer, avant d'en faire sa réalité.

A l'époque je me suis rendu compte à quel point je râlais sur tout et n'importe quoi. Vous savez, quand vous lisez les exemples donnés par un auteur, et que rapidement vous réalisez qu'il parle de vous...

Je râlais sur le temps qu'il faisait, sur les enfants, sur mon travail, mes clients, mes fournisseurs, les commerçants... Bref sur tout.

Je trouve que râler sur la météo est un des plus beaux exemples pour illustrer le fait de râler pour rien.

A quoi ça sert de maudire quelque chose qu'on ne maîtrise pas ? N'est-ce pas perdre son temps ?

J'ai souvent remarqué que les gens qui se plaignent de la météo sont rarement contents : trop froid l'hiver, et trop chaud l'été ! Dans notre région du sud de la France où la pluie peut ne pas pointer le bout de son nez pendant plusieurs mois, je suis toujours ébahi de croiser quelqu'un qui se plaint de la première averse après 3 mois de canicule et de sécheresse...

Juste pas WoW, non ?

Accepter, modifier ou quitter mais pas se plaindre, parce que la plainte ne sert à rien, elle ne fait pas grandir, elle ne fait pas avancer les choses. Quand on se plaint, on fait du mal aux autres, et on se fait du mal. Et n'oubliez pas que penser à vous est primordial pour penser aux autres.

Se plaindre, c'est se plaindre que sa femme est comme-ci ou comme-ça, et qu'elle vous pourrit la vie, qu'elle vous empêche de faire ce que vous voulez... C'est se plaindre de son travail, de ses collègues, de son patron... Parfois je croise aussi des commerçants qui se plaignent de leurs... clients... Eh oui !

Il y a très longtemps, au début de ma carrière, alors que j'étais directeur de la restauration, nous traversions, à l'hôtel, une période de forte activité. En croisant mon directeur, je lui lâche une réflexion : « Pffff, qu'est-ce qu'ils sont chiants, les clients ».
Sa réponse m'a marqué à jamais : « Oui Axel, vous avez raison, ils sont chiants, vivement que nous n'en ayons plus, comme ça on pourra aller pointer au chômage » !

C'est clair, non ?
Et c'est pour tout pareil, finalement.

Donc si on oublie l'option de la plainte, que nous reste-t-il ?

Soit j'accepte que ma femme, mon travail, mes collègues ou mon patron me pourrissent la vie, soit je modifie, soit je quitte.

J'ai des difficultés à supporter le bruit autour de moi. Vous comprenez donc, quand j'écris ça, pourquoi l'univers m'a envoyé trois garçons qui sont scolarisés à la maison ?! Et oui, ma fille à côté, c'est une statue ! Même toute petite, elle ne faisait pas de bruit, pas de vague, un ange, en fait...

Je suis dans une pièce, mes enfants font beaucoup de bruit : je fais un travail sur moi pour l'accepter, je leur demande d'en faire moins ou je quitte la pièce. Facile...

J'ai expérimenté l'acceptation de ce genre de situation quand nous avons habité en mobil-home, comme je vous l'ai raconté. Je n'avais pas d'autre option. Je ne pouvais pas modifier : comment demander à trois jeunes enfants de ne pas faire de bruit ? Je ne pouvais pas quitter, à moins de travailler sur la terrasse en plein hiver... J'ai donc dû accepter, et me changer moi. Là encore, la plainte n'aurait eu d'autre effet que de stresser tout le monde, moi compris.

Il en va de même pour les exemples que j'ai cités précédemment : votre femme, votre travail, vos employés ou vos patrons.

Vous n'imaginez pas le nombre de gens qui se plaignent sans réagir !

C'est certes parfois douloureux, mais bien souvent très libérateur aussi. Et c'est ça l'essentiel. La libération qui suit une décision d'accepter, modifier ou quitter est salvatrice. Vous en sortez grandi, croyez-moi !

C'est juste Wow !

Epilogue

Je dois arrêter là d'écrire.

Pourquoi « je dois » ?

Effectivement, je ne suis obligé à rien. Mais, j'ai écrit ce livre dans les conditions que vous connaissez. Il a été écrit en un mois.

Aujourd'hui, à chaque relecture, je trouve des choses à ajouter, à modifier, à enlever, mais ça ne cadre plus avec la spontanéité du « premier jet ».

En plus, je vous avoue que mon mental me mène la vie dure. Je crois que l'univers cherche à me faire monter une grande marche, une grosse sortie de zone de confort. Editer ce livre va forcément m'exposer aux jugements des autres, de tous ceux qui l'auront lu.

Alors j'ai décidé de vous le livrer tel quel, le plus proche de ce qui est sorti de mon coeur, au moment où je l'ai écrit, pour ne pas trop casser le côté naturel de mon verbe.

A la lecture de ce livre, vous vous êtes peut-être façonné une image idyllique de moi. Je vous ai expliqué d'où je venais, et où j'en étais, mes prises de conscience, mes guérisons, mes évolutions...

Vous vous dites peut-être « Ce mec est juste WoW » ! Et vous avez bien raison ! Je m'épate moi-même, et le fait d'avoir écrit ce livre m'a fait encore plus prendre conscience du chemin que j'avais parcouru.

Mais ne vous y méprenez pas, je n'ai pas fini de cheminer.

Pour moi, nous n'arrêtons de cheminer que lorsque nous avons atteint la perfection. Franchement, j'en suis loin !

N'allez surtout pas imaginer que tout est toujours au top en permanence.

J'ai appris à voir les choses différemment, j'ai appris à voir le positif plus souvent que le négatif, mais nous restons, et je reste, humain avant tout, avec toutes les faiblesses que cela implique. Du coup, ne vous inquiétez pas, moi aussi je vis des hauts et des bas. La vie est ainsi faite.

Ne perdez pas espoir, le chemin peut être long, mais si vous prenez les choses du bon côté, comme un enseignement, si vous réussissez à voir le bon côté des choses, à positiver, à vous satisfaire de ce que vous avez déjà acquis, vous devriez réussir à vivre une vie bien meilleure.

J'entends souvent des gens dire « Ah mais vous savez, je suis comme ça », ou « On ne se change pas »...

Si vous en êtes arrivé à la fin de ce livre, à moins d'avoir commencé par ici, vous aurez compris que tout est possible : y croire, toujours garder espoir, faire les bonnes rencontres, pratiquer, s'exercer, expérimenter...

Et puis, n'oubliez pas non plus que nous devons tous faire nos propres expériences, et nos propres rencontres. Tout est OK et c'est juste WoW.

Ce qui est important c'est de tracer votre propre route, de faire vos propres rencontres, qui ne seront pas forcément les mêmes que celles de votre voisin ou de votre meilleur ami. C'est votre vie, votre chemin.

Moi, un jour, j'ai croisé une femme que j'ai aimée, qui m'a emmené dans une ville alors que j'avais juré ne jamais y mettre les pieds, nous nous sommes quittés, j'ai rencontré Anne, mon épouse, elle m'a emmené vers son univers, m'a ouvert les yeux.

Puis, quelques années plus tard, après un simple clic, j'ai rencontré Sylvain Carufel. Un simple clic pour une grande claque, mais dans un sens très positif !

Au sein de la communauté de la formation Vivre de sa passion, j'ai croisé Elodie, mon accompagnante Festen, avec qui j'ai travaillé pendant quatre mois, presque tous les jours. Merci infiniment de m'avoir supporté, dans tous les sens du terme.

Puis j'ai rencontré plein d'autres gens inspirés et inspirants, jusqu'à ce fameux jour de Février 2017 à St Sauveur, où j'ai vu et entendu François Lemay en conférence.

Son histoire m'a parlé, m'a touché... D'ailleurs à la fin de son intervention, je lui ai dit en plaisantant que c'était sympa d'être venu faire une conférence pour moi tout seul, mais qu'en fait nous étions 200, et que ce n'était pas très sympa pour les autres...

Suite à cette rencontre, il ne m'aura fallu qu'un mois pour écrire ce livre.

Alors, vraiment, croyez en ce que vous voulez, mais croyez-y, c'est...

Juste WoW !

Références

Quelques livres qui ont compté pour moi et que j'évoque :

« Le livre des esprits » par Allan Cardec
« Le livre des médium » par Allan Cardec
« Le pouvoir du moment présent » par Eckhart Tolle
« Méditer jour après jour » par Christophe André
« Les quatre accords toltèques » par Don Miguel Ruiz
« Tout est toujours parfait » par François Lemay
« Le grand dictionnaire des malaises et des maladies » par Jacques Martel
« J'arrête de râler » par Christine Lewicki

Pour en savoir plus :

Festen : www.festeninstitute.com/
Association Française de Biodynamique : appb.org/
Ho'oponopono : http://www.vivrehooponopono.com/
Reportage Leonardo Di Caprio : « Over the flood » (Avant le déluge)
Les parfums de soin : www.altearah.com/
Ma belle-soeur chanteuse lyrique : Cécile Duroussaud

Pour rester en contact

Vous pouvez me suivre sur ma page Facebook :

@AxelCrevauxiLaurea

Le site internet : www.ilaurea.com

Mon mail : axel@ilaurea.com

Juste WoW !

Printed in Poland
by Amazon Fulfillment
Poland Sp. z o.o., Wrocław

92501216R00141